El mejor consejo que he recibido para el

matrimonio

Compilados por: **Jim Daly**

CASA
CREACIÓN

ENFOQUE
A LA FAMILIA

La mayoría de los productos de Casa Creación están disponibles a un precio con descuento en cantidades de mayoreo para promociones de ventas, ofertas especiales, levantar fondos y atender necesidades educativas. Para más información, escriba a Casa Creación, 600 Rinehart Road, Lake Mary, Florida, 32746; o llame al teléfono (407) 333-7117 en Estados Unidos.

El mejor consejo que he recibido para el matrimonio por Focus on the Family
Publicado por Casa Creación
Una compañía de Charisma Media
600 Rinehart Road
Lake Mary, Florida 32746
www.casacreacion.com

A menos que se indique lo contrario, el texto bíblico ha sido tomado de La Santa Biblia, Nueva Versión Internacional® NVI® Copyright © 1999 por Bíblica, Inc.® Usado con permiso. Todos los derechos reservados mundialmente.

Las citas de la Escritura marcadas (RV1960) corresponden a la versión Reina-Valera © 1960 Sociedades Bíblicas en América Latina; © renovado 1988 Sociedades Bíblicas Unidas. Utlizado con permiso.

Traducido por: Signature Translations, Inc.
Director de diseño: Bill Johnson

Originally published in the U.S.A. under the title:
The Best Advice I Ever Got on Marriage
A Focus on the Family book published by Worthy Publishing,
a division of Worthy Media, Inc., 134 Franklin Road, Suite
200, Brentwood, Tennessee 37027.

"Haga del amor un verbo" fue adaptado del contenido original publicado en *Staying In Love Participant's Guide* por
Andy Stanley. Copyright © 2010 por North Point Ministries,
Inc. Usado con permiso de Zondervan.
www.zondervan.com.

"Poner las relaciones sexuales en el calendario" por Jill
Savage fue adaptado de un artículo que fue originalmente
publicado en *Marriage Partnership*, 2005, verano.

Visite la página web del autor: www.enfoquealafamilia.com

Library of Congress Control Number: 2013937800
ISBN: 978-1-62136-172-5

Impreso en los Estados Unidos de América
13 14 15 16 17 * 7 6 5 4 3 2 1

CONTENIDO

INTRODUCCIÓN:
EL MATRIMONIO DE CORAZÓN ABIERTO

Dr. Greg Smalley

El mejor consejo sobre el matrimonio que he escuchado jamás vino del lugar menos pensado: *Dr. Quinn, Medicine Woman.* ¿Se acuerda del programa de televisión de la cadena CBS allá por los años 1990 sobre un médico en el oeste, interpretado por la actriz Jane Seymour? Una vez que el programa terminó, Seymour creó una línea de joyería con Kay Jewelers que se llamó la colección Corazones Abiertos. La parte fascinante es el eslogan, que yo creo que es el mejor consejo para cultivar un matrimonio floreciente: "Si su corazón está abierto, el amor siempre encontrará la manera de entrar".

Tal y como lo entendió la Dra. Quinn, un corazón sincero es el prerrequisito fundamental para un gran matrimonio. Sin embargo, muchos de nosotros luchamos con eso porque el ser abierto puede parecer arriesgado y peligroso. Los especialistas en matrimonio Arch Hart y Sharon Hart Morris lo dicen de esta manera:

> Cuando el esposo y la esposa se aman, literal-
> mente se entregan sus corazones el uno al otro

para cuidarlo. Esto es un acto tan delicado y confiado que cualquier violación o daño a esta confianza puede causar la más dolorosa de las reacciones.

Imagine que usted toma la misma esencia de su ser, su corazón, y la coloca en las manos de su cónyuge. Su corazón se convierte en el de su cónyuge para que este lo cuide, lo proteja, lo aprecie y lo ame. Poner el corazón en mano de otra persona es un paso enorme de fe. Después, usted solo aguarda a ver qué hará su cónyuge con su corazón. Por supuesto, su deseo es que su cónyuge sea un refugio seguro para su corazón. Y ese también es el anhelo de su cónyuge.[1]

En su búsqueda de tener un matrimonio floreciente, quiero animarle a hacer que su matrimonio sea el lugar más seguro posible para su cónyuge.

¿Por qué esto debe ser una prioridad? Porque para obtener lo que usted desea en el matrimonio: diversión, pasión, amistad, amor, respeto, intimidad y una comunicación íntima, cada corazón debe ser sincero con el otro. Ese es el significado del eslogan: "Abra su corazón y el amor siempre encontrará la manera de entrar". El amor siempre encontrará la manera de entrar porque el amor de Dios está en todas partes (Salmos 119:64). Y el amor de Dios fluirá de su corazón al de su cónyuge cuando ambos sean sinceros. Pero un corazón solo se abrirá cuando la relación se sienta segura. Por lo tanto, póngase la meta de crear un matrimonio que parezca el lugar más seguro de la tierra.

¡EL LUGAR MÁS SEGURO DE LA TIERRA!

La única manera en la que usted puede entrelazar dos corazones y hacerlos uno es cuando ambos se sienten seguros a nivel emocional. Lo bueno es que usted puede crear una atmósfera segura en su matrimonio que permitirá y animará a ambas partes a abrir sus corazones. Pero el enfoque tiene que estar en crear *seguridad*. El enfoque debe estar en corazones *abiertos*.

Jesús hizo una advertencia en contra de los corazones endurecidos cuando comentó sobre el divorcio: "Moisés les permitió divorciarse de su esposa por lo obstinados que son" (Mateo 19:8). Un corazón cerrado y endurecido es el verdadero destructor de las relaciones, y por tanto algo que hay que prevenir a cualquier precio. Por otro lado, un matrimonio seguro permite que tanto el esposo como la esposa se abran y revelen sus sentimientos, pensamientos, creencias, esperanzas y sueños más profundos. ¡Eso es verdadera intimidad!

Crear seguridad no es una frase de la jerga psicológica. De hecho, es algo que nuestro Padre celestial hace por nosotros: "Torre inexpugnable es el nombre del Señor; a ella corren los justos y se ponen a salvo" (Proverbios 18:10). ¿No es asombroso que el Dios del universo se desviva para hacernos sentir seguros? Él quiere que nuestros corazones estén abiertos, y los corazones se abren cuando se sienten seguros. Quiero modelar mi matrimonio conforme a lo que Dios hace conmigo.

Entonces, ¿cuál es la clave para crear un matrimonio

que sea el lugar más seguro de la tierra? La respuesta se ilustra bien con algo que pasó en mi propia familia.

Una mañana nos preparábamos a la carrera para irnos de vacaciones a Disney World. Yo pensé que por fin todos estaban en el auto, y cada posible espacio estaba lleno de equipaje. Pero entonces me di cuenta que Maddy, mi hija del medio que entonces tenía como tres años, no estaba en su asiento. En cambio, Maddy estaba en la casa buscando desesperadamente a Gracie, su muñeca favorita. Aquella conejita amarilla, en posición de oración, era su posesión más valiosa. Maddy nunca salía a ninguna parte sin Gracie.

Después de que Maddy encontró a Gracie, vino corriendo al auto. *¡Oh no!*, pensé yo, *Maddy va a perder a Gracie, ¡y no quiero pasarme todas las vacaciones paseando por un centro comercial en busca de un reemplazo!* Así que mientras mi hija preciosa corría hacia mí, yo solo tenía unos pocos segundos para elaborar un plan tan brillante que convenciera a Maddy de dejar a Gracie en la casa.

—Espera, Maddy—empecé a tientas—. En realidad, papi necesita que dejes a Gracie en casa.

Maddy me miró sin expresión alguna mientras yo seguía explicándole mi fantástico plan.

—Necesitamos de alguien que cuide la casa—dije yo—. Entonces, ¿por qué no pones a Gracie de nuevo en tu cama y así ella puede cuidar la casa?

—¡No!—replicó Maddy—. Barry Wonderful vigilará la casa. ¡Gracie viene con nosotros!

¿Barry Wonderful?, pensé yo. *¿Quién rayos es Barry Wonderful?*

Mi esposa, Erin, se daba cuenta de mi confusión.

—Tú conoces a Barry Wonderful, cariño—dijo ella sonriendo con sarcasmo mientras explicaba—: El perro San Bernardo de peluche que tú le compraste a Maddy y que canta esas canciones tan pesadas de Barry White ¡que a ti te resultaron muy graciosas!

—Ah, verdad—dije yo—. Disculpa. Maddy, de veras necesito que dejes a Gracie en casa.

Ella me miró como diciendo: ¿Estás loco? ¿Dejar a Gracie aquí? Este diálogo continuó durante unos segundos mientras yo le daba todas mis razones lógicas de por qué debíamos dejar a la conejita que oraba en casa. A pesar de mis brillantes argumentos, Maddy no se movía. Por fin me puse muy firme y le dije:

—¡Vas ahora mismo y la pones en tu cama!

Maddy, con la cabeza baja, hizo un último intento:

—¿Es divertido Disney World?

De inmediato cambié mi estrategia y traté el tema de Gracie desde un ángulo completamente distinto.

—Ir a Disney World serán las mejores vacaciones que hayas tenido jamás—le dije—. Pero tenemos que irnos ya ¡o vamos a perder el avión! Así que, ¿por qué no pones a Gracie en tu cama junto a Barry Wonderful? Entonces podremos irnos.

Maddy me entregó lentamente a Gracie.

—Si Disney World va a ser tan divertido—dijo llorando—, yo quiero tanto a Gracie que quiero que ella vaya, yo cuidaré la casa.

Los grillos chillaban mientras yo estaba allí parado, con la boca abierta, tratando de entender lo que acababa de suceder. Maddy iba a quedarse en casa para que Gracie pudiera ir de vacaciones con nosotros. De pronto tuve visiones de la película *Solo en casa* donde Maddy estaría sola defendiéndose de ladrones, monstruos o lo que fuera.

De repente me sentí como un fracaso total. Y Erin seguía allí sentada, meneando la cabeza. Así que cargué a Maddy y le expliqué que nuestro viaje no sería igual sin Gracie, ¡y nos fuimos!

Aunque esta historia no es un gran ejemplo de mis habilidades estelares como padre (después de todo, ¡este libro es sobre el matrimonio!), es una ilustración maravillosa de cómo crear seguridad.

Observe cómo la seguridad emocional se fomenta cuando hacemos dos cosas importantes, las mismas dos cosas que Maddy hizo por Gracie.

Crear un matrimonio que se sienta como el lugar más seguro de la tierra implica tanto *actitud* como *acción*. De hecho, estas dos cosas se encuentran en Efesios 5:29: "Porque nadie aborreció jamás a su propia carne, sino que la sustenta y la cuida, como también Cristo a la iglesia" (RV1960). Sustentar y cuidar, una actitud y una acción. Analicemos primero la actitud que necesitamos tener si vamos a fomentar la seguridad en nuestro matrimonio.

ACTITUD: RECONOZCA EL VALOR INCREÍBLE DE SU CÓNYUGE. APRÉCIELO/A.

Reconocer el valor de otra persona es la esencia de *honrarle*. Con *honrar* a su cónyuge me refiero a tomar la sencilla decisión de concederle a su cónyuge un alto valor, verdadera estima y gran importancia al verle como un regalo que no tiene precio. Era así justamente como Maddy veía a Gracie, como alguien de un valor enorme. Maddy sustentaba a Gracie. Del mismo modo, el honor es un regalo que le damos a nuestro cónyuge. El honor no se compra con las acciones de uno ni depende de las emociones. Cuando honramos a las personas estamos dándoles distinción, ya sea que les guste, lo quieran, lo merezcan o no. Uno simplemente lo hace, es una decisión que se toma. La buena noticia es que cuando usted ve a su cónyuge como un tesoro que no tiene precio, su corazón se abrirá a él o ella: "Pues donde tengan ustedes su tesoro, allí estará también su corazón" (Lucas 12:34). Así que tome un minuto ahora para enumerar las razones por las cuales su cónyuge es tan valioso. No olvide compartir la lista con él o ella.

Por maravilloso que es sustentar a su cónyuge porque usted está consciente de su increíble valor, esta actitud sin una acción carece de significado: "Queridos hijos, no amemos de palabra ni de labios para afuera, sino con hechos y de verdad" (1 Juan 3:18). Una vez que usted reconoce el valor de su cónyuge, necesita respaldar esa actitud con acciones.

ACCIÓN: MUESTRE CON SUS ACCIONES QUE VALORA A SU CÓNYUGE. ALIMÉNTELO/A.

Si usted quiere un matrimonio que parezca el lugar más seguro de la tierra, no solo debe comprometerse a ver a su cónyuge como alguien valioso, sino que debe transmitir ese honor mediante sus palabras, acciones y obras.

Como Maddy demostró con su disposición a renunciar a su viaje a Disney World para que Gracie pudiera ir, *el amor* en realidad es un verbo. La seguridad es honor en acción. Las personas seguras se enfocan en amar a la otra persona en lugar de medir cuánto están siendo amadas. Necesitamos alimentar y cuidar de nuestro matrimonio; necesitamos nutrirlo. Si usted quiere conocer la mejor manera de alimentar a su cónyuge, solo pídale que termine esta oración: "Me siento amado/a cuando tú..."

En un seminario para matrimonios hice la misma pregunta más de mil parejas. Escuche algunas de sus respuestas:

- Oras conmigo y por mí.
- Me amas y aceptas sin condiciones.
- Aceptas mi influencia, te dejas enseñar.
- Me permites entrar a tu mundo interior: compartes tus sentimientos y pensamientos.
- Buscas comprenderme antes de ser comprendido.
- Das valor a mis sentimientos.
- Me confirmas tu amor.
- Muestras curiosidad por mí: me haces muchas preguntas.
- Pasas tiempo conmigo.
- Planeamos juntos nuestro futuro.
- Me sirves en maneras que son significativas para mí.
- Te diviertes y te ríes conmigo.
- Tomas tiempo para resolver los conflictos.

- Me consuelas cuando me siento triste.
- Me corriges con gentileza y ternura.
- Me elogias a menudo.
- Satisfaces mis necesidades sexuales.
- Eres perdonador cuando te ofendo.
- Me dices cuánto me aprecias.
- Diriges nuestra familia en nuestra relación espiritual con Dios.
- Tomas tiempo para observar lo que he hecho por ti y por la familia.
- Me tratas como si Dios hubiera puesto en mi frente las palabras: "Trátese con cuidado".

Cualquiera que sea la respuesta de su cónyuge, tenga en mente que esas respuestas le ofrecen una mina de oro en información. Así que asegúrese de compartir sus respuestas con su cónyuge para que ambos puedan trabajar juntos para hacer que su matrimonio parezca el lugar más seguro de la tierra. Y no olvide nunca: "Si su corazón está abierto, el amor siempre encontrará la manera de entrar".

Alguien me preguntó una vez que si yo fuera a celebrar un banquete y pudiera invitar a cualquier persona famosa o algún personaje histórico, ¿a quién invitaría? Enseguida pensé en personas como Jesús, Abraham Lincoln, la Madre Teresa, Moisés, C. S. Lewis, Corrie ten Boom y Billy Graham. ¿A quién invitaría usted?

Ahora imagine que tiene la oportunidad de cenar con algunas de las personas más entendidas en relaciones de nuestra generación. ¿Qué preguntas le haría?

Lo bueno es que le invito, personalmente, a un

evento así. Es como si le hubiesen invitado a un banquete especial donde estarán presentes algunos de mis expertos favoritos en el matrimonio. Entre las tapas de este libro se encuentra una colección de ensayos escritos por gente maravillosa que nos revelan sus consejos transformadores para el matrimonio.

Dondequiera que se encuentren con este libro usted y su cónyuge, espero que los consejos del mismo le ayuden a construir el matrimonio que siempre han soñado. Uno de los temas comunes que aparece a través de esta colección es la importancia de un diálogo abierto y honesto. Le animo a leer con su cónyuge un capítulo por semana. Conversen las ideas con las que realmente se identificaron o los pensamientos que resaltaron en su mente, buenos o malos. Ore por la dirección del Señor al leer y aplicar los consejos que se encuentran dentro de estas páginas.

Juntos vamos a explorar los beneficios de programar las relaciones sexuales, el poder curativo de la risa, y las nueve palabras que sacaron a una pareja que estaba al borde de una catástrofe. Usted verá cómo el crecer como persona es tan importante como crecer como pareja.

Es posible que no todos los consejos se apliquen a su situación actual. Sin embargo, no hay que olvidar que las circunstancias cambian con el tiempo. Mientras usted y su cónyuge pasen por las diferentes etapas del matrimonio, alguna de las perlas relacionales que se encuentran en estas páginas pudiera muy bien convertirse en algo fundamental para el camino.

Le pido al Señor que le bendiga de manera poderosa a medida que avanza hacia un matrimonio próspero. Termino con una de mis citas favoritas sobre el matrimonio: "Un matrimonio exitoso requiere enamorarse muchas veces, siempre de la misma persona".[2]

¡Disfrute de enamorarse de nuevo de su cónyuge!

31 DE JULIO DE 2012

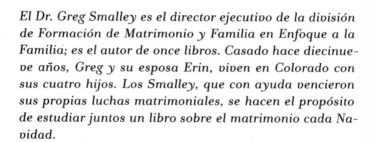

El Dr. Greg Smalley es el director ejecutivo de la división de Formación de Matrimonio y Familia en Enfoque a la Familia; es el autor de once libros. Casado hace diecinueve años, Greg y su esposa Erin, viven en Colorado con sus cuatro hijos. Los Smalley, que con ayuda vencieron sus propias luchas matrimoniales, se hacen el propósito de estudiar juntos un libro sobre el matrimonio cada Navidad.

1

Mantenga el compromiso con su compromiso

Ken Blanchard

En 2012 mi esposa Margie y yo celebraremos nuestro aniversario de bodas número 50. Es difícil imaginar que llevamos juntos tanto tiempo pero al mirar atrás, vemos que ha sido una jornada maravillosa de aprendizaje. Digo *jornada de aprendizaje* porque si usted dice que su matrimonio no ha tenido tropiezos, ¡es probable que también diga otras mentiras! Aprender a vivir con otra persona y crear una relación afectiva es un desafío en nuestra sociedad donde renunciar al matrimonio parece ser la regla y no la excepción.

ENAMORARSE DESPUÉS DE DECIR: "ACEPTO"

El desafío del matrimonio quedó claro hace años para Margie y para mí cuando un joven guía turístico nos daba un paseo en nuestra primera visita a la India. Él apenas tenía 20 años y nos dijo que su mamá y su papá estaban en casa preparando su matrimonio. Al escuchar eso le pregunté: "Ya que has servido de guía a tantos estadounidenses, ¿cuál crees que es la diferencia más grande entre un matrimonio arreglado en la India y el típico matrimonio estadounidense?"

Nunca olvidaré su respuesta. "Creo que en un matrimonio hindú uno supone que con el tiempo se enamorará de la persona con la que se casa", dijo el guía. "En los matrimonios estadounidenses me da la impresión de que uno se enamora antes de casarse y luego durante el matrimonio se desenamora".

El poder de lo que este joven dijo me impactó tanto que hace poco lo conté cuando participé en la ceremonia de bodas de mi sobrino. Tomé las manos del novio y la novia, las sostuve mientras les dije: "Espero, mi sueño, mi oración por ustedes dos es que cuando pasen años recuerden el día de su boda y se den cuenta de que ese fue el día en que menos se amaban. Que su vida juntos sea una vida de enamorarse más cada día".

Las personas reunidas casi suspiraron al unísono. Sabían que era una idea maravillosa y que sería un verdadero desafío. ¿Por qué?

RECUERDEN POR QUÉ SE ENAMORARON

He observado que cuando las parejas se enamoran antes de casarse se enfocan en todo lo positivo. Como dice el viejo refrán: "El amor es ciego". Antes de casarnos por lo general nos vemos el uno al otro con ojos nublados. Entonces, una vez que se dicen los votos matrimoniales y comenzamos a mezclar nuestras vidas, empezamos a reconocer cositas que no habíamos notado antes. Nuestra tención pasa de buscar lo que el otro hace bien a lo que hace mal. Con el tiempo puede que hasta olvidemos por qué nos enamoramos si seguimos enfocándonos en lo negativo. Si este ciclo no se rompe, vamos de camino al divorcio.

*Es mucho más fácil cambiar un hábito
o conducta cuando uno está en un
ambiente de apoyo y cariño que cuando
le señalan los errores constantemente.*

Margie dice a menudo que nuestro matrimonio realmente se volvió extraordinario cuando ella tomó la decisión consciente de amarme por completo. Eso incluía volver a examinar los motivos por los que ella se enamoró de mí y comprender que pesaban mucho más que las cosas que le molestaban. Al entender eso se hizo claro que es mucho más fácil cambiar un hábito o conducta cuando uno está en un ambiente de apoyo y cariño que cuando le señalan los errores constantemente. Después de todo, aunque Dios no fabrica basura, ninguno de nosotros es perfecto. Todos tenemos cosas en las cuales trabajar para convertirnos en mejores compañeros para la vida.

¿USTED QUIERE QUE SU RELACIÓN FUNCIONE?

Las personas me preguntan constantemente si doy consejería matrimonial. Yo les digo: "No, pero le haré una pregunta: ¿Usted quiere que su relación funcione? Esa pregunta solo tiene dos respuestas: *Sí* o *no.* Si dice: 'sí, si él (o ella) hace tal y más cual cosa', en realidad esa respuesta es 'no'". El compromiso para hacer que una relación funcione tiene que ser eso, un compromiso.

Nunca olvidaré una época en nuestra relación cuando Margie y yo pasamos por un tiempo difícil. Yo estaba en el cuerpo docente de la Universidad de Massachusetts y ella estaba trabajando en su doctorado en comunicación. Nuestros hijos Scott y Debbie estaban en la escuela primaria. Yo estaba convirtiéndome en un héroe local y me pedían que hiciera todo tipo de presentaciones y conferencias mientras Margie pasaba todo el tiempo estudiando. Ella sentía que no la ayudaba lo suficiente con los niños y yo pensaba que trabajar en su doctorado hacía que no fuera divertido estar a su lado. Comenzamos a alejarnos. Durante la cumbre de este período me dieron una licencia sabática con la oportunidad de irme de Amherst, Massachusetts a San Diego, California, durante un año. Acababan de promoverme a profesor titular y Margie estaba a punto de terminar su doctorado. Una noche nos sentamos y tuvimos una conversación que marcaría toda la diferencia en nuestra relación futura.

Le pregunté a Margie:

—¿Quieres ir a California conmigo? —En realidad le

estaba preguntando: "¿Quieres hacer que nuestra relación funcione?".

A pesar de que habían sido momentos difíciles, ella dijo:

—Sí, te amo y quiero que nuestra relación funcione.

Mi respuesta también fue sí. Así que con un compromiso de dos "sí", coincidimos en que necesitábamos ayuda y debíamos buscar consejería matrimonial. Tuvimos la fortuna de contactar a María Bowen, quien estuvo entre los mejores graduados de Carl Rogers. Cuando llegamos a California comenzamos a reunirnos con María una vez por semana y así lo hicimos casi durante un año.

La consejería matrimonial no funciona a menos que usted obtenga dos sí en respuesta a la pregunta del compromiso. Si una o ambas partes todavía está tratando de decidir si quieren que las cosas funcionen, no se puede ser honesto ni sincero por temor a que esa sea la gota que rebose la copa. Pero si ambos están comprometidos a hacer que la relación funcione, un buen consejero realmente puede ayudarles a desarrollar estrategias y maneras de interactuar que fomentarán la relación en lugar de destruirla.

*La consejería matrimonial no funciona
a menos que usted obtenga dos sí en
respuesta a la pregunta del compromiso.*

VALE LA PENA EL ESFUERZO

Nunca olvidaré lo que dijo una vez Peter Drucker, un pionero en mi campo de la administración empresarial: "Nada bueno ocurre por casualidad". Usted tiene que establecer una estructura para hacer que su matrimonio funcione. Me encanta que muchas parejas jóvenes hoy buscan una niñera y tienen noches para salir solos, al menos dos veces por mes. La regla es que no pueden hablar del trabajo ni de los hijos, solo sobre su relación y cómo les va como pareja. Esas noches no tienen que ser intensas ni costosas. Pueden ser divertidas. ¡Y qué diferencia habría si cada pareja casada programara 26 citas al año solo para enfocarse en su relación!

Una de las cosas más poderosas que Margie y yo hicimos mientras recibíamos consejería matrimonial fue asistir a un Encuentro Mundial para Matrimonios un fin de semana. Este maravilloso programa de fin de semana, diseñado para parejas, comenzó en la iglesia católica y ha crecido hasta incluir a casi todas las clases de fe. Aunque usted hace el proceso junto con otras parejas, la mayoría del tiempo está enfocado en su propia relación matrimonial.

El proceso implica escribirse una serie de cartas, la primera noche comienza con "Lo que realmente me gusta de ti es…" y termina el último día con "Por qué escojo pasar el resto de mi vida contigo". Se pide a un cónyuge escribir su carta en el salón de reuniones mientras que el otro lo hace en la habitación del hotel. Cuando se termina el tiempo de escribir las cartas, la persona que estaba en el salón de reuniones regresa a la habitación y con un abrazo intercambian las cartas. Después de leer la carta de cada uno, la pareja decide a quién le toca primero. Así que, por ejemplo, si me tocó a mí, yo le diría a Margie lo que realmente le gustó más de mí hasta que ella estuviera de acuerdo con que eso fue lo que dijo en su carta. Entonces Margie me diría lo que a mí realmente me gustó de ella hasta que yo esté de acuerdo con que eso fue lo que dije. Esta fue una manera maravillosa de asegurarnos que nos hubiéramos escuchado adecuadamente. Después de asegurarnos de que entendíamos los sentimientos de cada uno, conversábamos.

Al final del fin de semana las parejas que habían terminado el proceso salían con sonrisas en el rostro y amor en sus corazones. Los organizadores sugirieron que siguiéramos usando en el futuro este proceso de diálogo mediante cartas cada vez que surgieran problemas. Margie y yo todavía seguimos usando ese método. Cuando surge un asunto importante y realmente necesitamos comprender los puntos de vista mutuos, sacamos papel y lápiz y empezamos a escribir.

Cualquier estrategia que usted emplee para cultivar su matrimonio, ya sea buscar consejería matrimonial, asistir a talleres, escribir cartas o algo completamente diferente, mantenga su compromiso con el compromiso. No trate el matrimonio a la ligera ni como si por una casualidad milagrosa un día pueda despertar a una relación muy feliz. Invierta el esfuerzo y el costo, valdrá la pena. Margie y yo estamos más enamorados el uno del otro que nunca antes. ¡Qué bendición!

------------- ❧ -------------

El Dr. Ken Blanchard es autor, orador y experto en administración; ha sido el coautor de más de 30 libros de mayor venta. Ken es el Oficial Espiritual Principal de las empresas Ken Blanchard Companies, una firma internacional de capacitación en administración y consultoría que él y su esposa Marjorie fundaron en 1979. Su hijo Scott es el vicepresidente de Atención al Cliente y su hija Debbie es la vicepresidenta de Ventas en la compañía. Ken también es el cofundador de Lead Like Jesus [Lidera como Jesús], un ministerio dedicado a ayudar a las personas a convertirse en líderes siervos. Ken y Margie celebrarán su aniversario de bodas número 50 en 2012.

2

Haga del amor un verbo

Andy Stanley

Enamorarse es fácil. Implica mariposas, largas caminatas en playas iluminadas por la luna, y la visita ocasional de un unicornio. En este país existen mil quinientas organizaciones que usarán su dinero y su perfil y le pondrán en contacto con alguien que tenga un perfil similar. Nunca ha sido más fácil enamorarse.

Pero aunque *enamorarse* es fácil, yo diría que nunca ha sido más difícil *permanecer* enamorado. Una vez que el brillo inicial se ha agotado, existen obstáculos que al parecer surgen de la nada. Hay verrugas, remordimientos...un *equipaje*. A veces permanecer enamorado parece imposible.

Aunque las estadísticas de divorcio aparecen por todos lados, es difícil negar que seamos una cultura dada a renunciar al amor en lugar de permanecer en él. Somos una cultura que cree que cuando las cosas se ponen difíciles, hasta ahí llegamos. Huimos de los desafíos y nos preguntamos cómo es posible sentirnos tan alejados de alguien de quien una vez estuvimos tan cerca. Las personas sin las cuales no podíamos vivir se convierten en personas que no podemos soportar.

Sin embargo, a pesar de los desafíos, hay algo en usted y en mí que quiere vivir la vida y terminarla con esa persona especial. No queremos estar simplemente en una relación, no queremos simplemente sobrevivir a los años. Queremos estar *enamorados*. Nos preguntamos cómo será que alguien realmente nos valore. Que nos necesiten, nos extrañen y nos amen. No solo durante un fin de semana, ni siquiera una década, sino durante 20, 30, 40 años o más.

EL AMOR ES UN VERBO

Para muchos de nosotros el concepto de amor es difícil porque realmente nunca aprendimos la forma correcta de amar.

La verdad es que muy pocas personas han estado cerca de un matrimonio saludable. Muy pocos crecimos en hogares donde nuestros padres estuvieran de acuerdo y tuvieran el tipo de relación que querríamos tener un día. No crecimos con: "Traten a los demás tal y como quieren que ellos los traten a ustedes". Crecimos con: "Traten a los demás como los trataron a ustedes". O "Traten a los demás hasta cansarlos y quitarlos de su camino".

En nuestros hogares no nos prepararon para reconocer el verdadero amor, mucho menos reproducirlo un día en nuestras propias vidas. Así que desarrollamos límites de dolor relacional muy bajos. Nos enfocamos en las cualidades externas del amor e ignoramos las internas. Tratamos al amor como un sustantivo. Es una experiencia que sucedió. Un momento. Una cosa.

Pero en Juan 13:34 vemos un lado diferente del amor. Hace dos mil años Jesús nos dio el mejor consejo para permanecer enamorados. Es el fundamento para relaciones amorosas duraderas. No es nada lógico, es muy simple, no lo captamos. Es tan poderoso, tan raro, tan accesible, si dos personas aceptaran esta enseñanza muy básica de Jesús: *"Este mandamiento nuevo les doy: que se amen los unos a los otros"*. Si no tiene cuidado, se le pasará. Jesús toma una palabra que normalmente usamos como sustantivo y la convierte en un verbo.

Lo que Jesús dijo fue: "Quiero que aprendan a amarse los unos a los otros de manera activa". El amor es algo que uno hace. Cuando dos personas se aman de forma activa, ¿adivine qué pasa? Se reaviva, y sigue avivando, encendiendo, enriqueciendo y mejorando la parte "enamorada" de la relación.

No es un suceso ni algo que ocurrió solo una vez. No es cuestión de sentimientos como fuegos artificiales ni de un campo florido. Es una acción. No se trata de *escoger* a la persona correcta, se trata de *convertirse* en la persona correcta, el tipo de persona que ama la manera en que Cristo nos amó. Es un compromiso cotidiano. Pero si eso va a suceder, el amor tiene que ser un verbo.

SE NECESITA UN PLAN

¿Qué tal si las verdaderas relaciones comenzaran cuando somos reales en cuanto a permanecer enamorados? ¿Qué tal si el permanecer enamorados fuera posible?

Yo creo que es posible. Creo que es un regalo que Dios anhela darnos y creo que existen tres cosas que podemos hacer para aceptar ese regalo. Enamorarse solo requiere un latido. ¿Permanecer enamorado? Eso requiere un plan.

MODIFIQUE SU MÉTODO

Durante años yo me he opuesto al plan de mi esposa Sandra de añadir un huerto a nuestro patio. Simplemente no me interesa. Si ella saca parte de su tiempo libre, que no tiene mucho, y lo invierte en el huerto, ¿adivine quién se queda sin ese tiempo? Así que no es solo que no me interese el huerto, es que eso pudiera interferir con sus prioridades, una de las cuales soy *yo*.

Durante mucho tiempo defendí mi caso... y entonces leí otra vez Filipenses 2:3: *"No hagan nada por egoísmo o vanidad; más bien, con humildad consideren a los demás como superiores a ustedes mismos"*. Ojalá ese fuera un versículo complicado con diversas variantes hebreas; pero cuando se trata del matrimonio, es bastante sencillo. Valore a otros, en este caso su cónyuge, más que a usted mismo.

Así que ahora tengo que tomar una decisión: ¿Me voy a amar a mí mismo? ¿La voy a convencer para que no tenga un huerto? ¿Simplemente lo voy a ignorar y esperar que se le olvide? La decisión no es si me gusta la jardinería o si voy a comer vegetales. Es superior a eso. El asunto es si voy a considerar sus intereses o solo los míos.

Cuando usted quiere permanecer enamorado, no solo soporta los intereses de su ser querido. Usted busca maneras de interesarse y expresar su interés, tal y como hizo antes de casarse. Cuando usted se enamoró, averiguó qué le interesaba a su amado/a y de repente, temporalmente, a usted también le interesó. "Oh, me encanta correr". Usted nunca había corrido en su vida pero habló con su amigo/a y le preguntó: "¿Tienes unos zapatos de correr que parezcan usados? No puedo salir a correr con zapatos nuevos". De buenas a primeras, usted se convirtió en corredor/a.

Como ve, nosotros sabemos cómo enamorarnos, pero una vez que lo logramos, se nos olvida que tenemos que *permanecer* ahí. Si usted quiere profundizar, si quiere verdadera intimidad, entonces viva como si su amado/a fuera más importante que usted, lo que significa que sus intereses se vuelven al menos tan importantes como los suyos propios.

Si usted quiere profundizar, si quiere verdadera intimidad, entonces viva como si su amado/a fuera más importante que usted, lo que significa que sus intereses se vuelven al menos tan importantes como los suyos propios.

Además de compartir sus intereses, ¿cómo trata usted a aquellos que son más importantes que usted? Déjeme decirle: los respeta. No los interrumpe para decir: "No, no. Yo creo que era azul, no rojo". No les da una palmadita en la espalda y les dice: "Endereza la postura". Usted se ríe incluso cuando no son cómicos. La clave es respeto,

respeto, respeto. Mediante sus acciones, mediante lo que dice, mediante lo que no dice, mediante la manera en que lo dice, usted los respeta y los trata como si fueran más importantes que usted.

Para permanecer enamorado usted necesita modificar su enfoque. Puede tratar de establecer los límites de manera que obtenga un 50-50, pero es muy probable que cuando lo haga termine con un contrato, no con amor. Así que aprenda a modificar. Aprenda a valorar a otros por encima de usted mismo. Aprenda a poner a su cónyuge en primer lugar. Aprenda a respetar a su cónyuge. Y recuerde: respeto, respeto, respeto.

PRESTE ATENCIÓN A SU CORAZÓN

Sería sencillo si todos llegáramos al matrimonio con un trasfondo único de relaciones saludables. Sin embargo, no es así. Todos traemos un "equipaje" con heridas de las relaciones en nuestro pasado. Y ese equipaje influirá inevitablemente en la manera en que experimentamos nuestros matrimonios. El residuo emocional y las repercusiones de estas experiencias difíciles en nuestro pasado se derramarán ineludiblemente en el presente a medida que choquemos con diversos "obstáculos" en nuestra relación matrimonial.

Imagine que usted es una taza que contiene miles de perlas. Cada perla significa un sentimiento o experiencia o una esperanza, o un temor. Usted tiene mucho cuidado de mantenerlas dentro. Pero entonces la conoce a ella y piensa que ella pudiera ser la futura "señora de Taza". Así que cerca de ella usted es gentil y considerado. Ambos se esmeran por causar la mejor impresión y se aseguran de que de camino al altar se derramen la menor cantidad de perlas posible.

Ahora pasó un mes o un año, y de repente surge un problema. Ella se molesta sin razón. Usted no llamó, aunque dijo que lo haría. Ella se siente ignorada. A usted no le dan la promoción. Algo en la vida los ataca por la espalda y ambas tazas chocan. Los celos se derraman. La ira se desborda. Todo lo que estuvo escondido durante el noviazgo ahora sale a la luz y parece que no hay solución. Usted lo vuelve a esconder pero con el tiempo sale otra vez.

Este es el tipo de situación que la Biblia predice cuando nos implora que guardemos nuestros corazones. Proverbios 4:23 dice: *"Por sobre todas las cosas cuida tu corazón, porque de él mana la vida"*. Su capacidad para sentir ciertas cosas de cierta manera depende del estado de su corazón. Y si usted no lo cuida, si no lo protege y lo vigila, nunca podrá conseguir un equilibrio en sus sentimientos.

Su capacidad para sentir ciertas cosas de cierta manera depende del estado de su corazón.

En el matrimonio cuidamos nuestros corazones al prestar atención a lo que está sucediendo en nuestro interior. Para hacerlo necesitamos una estrategia preventiva. Somos buenos chequeando la actitud de nuestro cónyuge pero muy malos cuando se trata de chequear lo que está sucediendo en nuestro propio corazón.

Entonces, ¿qué hacer cuando su matrimonio choca con los obstáculos inevitables y sus perlas emocionales se derraman? El siguiente ejercicio le puede ayudar:

1. En lugar de acumular sus sentimientos o justificarlos, deténgase y antes de hablar piense en lo que realmente sientes.
2. Identifique lo que está sintiendo, con palabras específicas: siento celos, estoy enojado, me siento ignorado. Me siento fracasado. Me siento abandonado, temeroso, traicionado, inseguro; siento que no se me respetó.
3. Una vez que haya identificado el sentimiento, dígalo en voz alta. Identifique sus sentimientos y estos pierden fuerza.
4. Cuando sea adecuado, si lo es, dígale a su cónyuge lo que está pasando en su corazón. Y cuando su cónyuge lo haga, la manera correcta de responder es decir sencillamente: "Gracias. Me alegra que me lo dijeras".

Al principio pudiera ser difícil pero las personas saludables dejan de hacer cosas dolorosas cuando aprenden cuál es el problema. Y permanecen enamoradas al prestar mucha atención a sus corazones.

ESCOJA CON SABIDURÍA AL LLENAR LOS VACÍOS

En toda relación existen vacíos entre lo que se espera y lo que realmente sucede. Tenemos una visión de cuento de hadas en cuanto a cómo será el matrimonio...y nos desilusiona. Tenemos expectativas de cómo nuestro cónyuge debiera actuar en un banquete y no sale como lo planeamos. Tenemos una creencia secreta en la hora en que alguien debe llegar a casa en la noche, y la realidad es diferente. Se abren vacíos a nuestro alrededor. Cuando eso sucede, tenemos dos opciones en cuanto a cómo llenarlos. Podemos creer lo mejor. Podemos confiar en que ocurrió una demora inexplicable o que algo crucial surgió que hizo que nuestros cónyuges se demoraran. O podemos suponer lo peor. Podemos interpretar falta de respeto, herida y miles de cosas más en esas situaciones.

Primera de Corintios 13 ataca ese asunto directamente. Estos versículos conocidos, que describen la naturaleza del amor, se usan mucho en las bodas. Más allá de los versículos sobre la paciencia y la bondad del amor encontramos una súplica para los vacíos. Encontramos ayuda para los hoyos. El versículo 7 dice que el amor "todo lo disculpa, todo lo cree, todo lo espera, todo lo soporta".

En un matrimonio eso quiere decir que cuando usted tiene la oportunidad de dudar o confiar, usted confía. Cuando tiene la oportunidad de rendirse o de tener esperanza, usted escoge la esperanza. Cuando tiene la oportunidad de renunciar o de perseverar, usted persevera.

Cada vez que experimentamos un vacío en el que no

se satisfacen nuestras expectativas tenemos una opción: En nuestros corazones y mentes, ¿supondremos lo peor sobre nuestros cónyuges o creeremos lo mejor? Los esposos y esposas que permanecen enamorados hasta el fin aprenden a suponer siempre lo mejor, ya sea por fuerza de hábito o por intuición. Al hacerlo crean una "espiral ascendente de amor" que llega a una intimidad cada vez mayor.

EL MATRIMONIO HABLA A NUESTRA CULTURA

Espero que este sea el comienzo de un debate mayor sobre qué significa permanecer enamorados. Al final de esta aventura no solo habrá matrimonios mejores. No se trata solo de la oportunidad de modelar un nuevo tipo de relación para la próxima generación. Por importantes que son esas cosas, todavía hay algo mayor en juego.

Nada habla más a nuestra cultura sobre el cristianismo que nuestras relaciones matrimoniales. El matrimonio no solo es una muestra del amor, también es una muestra de la fe. Y es por eso que necesitamos capacitarnos y animarnos unos a otros a *permanecer en amor.*

Andy Stanley es autor, orador y el fundador de North Point Ministries, Inc., en Alpharetta, Georgia. La iglesia ha llegado a tener cinco localidades con más de 30,000 asistentes cada semana, lo que la convierte en la segunda iglesia más grande de los Estados Unidos. Entre los libros de Andy se encuentran La gracia de Dios, *así como*

Enemies of the Heart, Una visión contagiosa, El líder de la próxima generación, The Principle of the Path, y ¿Cuán bueno es suficientemente bueno? *Andy y su esposa, Sandra, tienen dos hijos y una hija y viven en Alpharetta.*

3

Mi suegro celestial

Gary Thomas

Fue casi como una advertencia y, honestamente, solo necesitaba una a la vez. Yo era un joven esposo y durante un intenso tiempo de oración sentí que Dios me decía directamente que Lisa no solo era mi esposa, sino que también era su hija y que como tal debía tratarla.

Fue un momento de revelación para mí y la fuerza de esta percepción creció una vez que tuve mis propios hijos. Si usted quiere ver mi lado bueno, solo sea bueno con uno de mis hijos. Una maravillosa joven de nuestra iglesia se convirtió en la "hermana mayor" de Allison cuando Ally comenzaba la adolescencia, la llevaba a Starbucks o tomar helado y era una influencia positiva sobre ella en sentido general. Mi esposa y yo amaremos a Amy por el resto de nuestras vidas por la manera tan generosa y amable con que ella trató a uno de nuestros hijos.

Por el contrario, si realmente quiere enojarme, métase con uno de mis hijos. Sea malo con ellos. Abuse de ellos. Sin dudas me subirá la presión con la sola mención de su nombre. Prefiero que se meta conmigo que con uno de mis hijos.

Así que cuando me di cuenta de que estoy casado con *la hija de Dios*—y que ustedes, mujeres, están casadas con *hijos de Dios*—mi visión del matrimonio cambió por completo. Dios siente por mi esposa, su hija, de una manera mucho más santa y apasionada que yo con relación a mis propias hijas. De repente mi matrimonio ya no solo se trataba de mí y otra persona, era en realidad una relación con una Tercera parte que está apasionadamente interesada. De hecho entendí que una de mis formas principales de adoración por el resto de mi vida sería honrar a Dios al cuidar de la mujer que en su mente divina siempre sería "su niña".

A menudo escuchamos a los pastores hablar sobre la paternidad de Dios, una doctrina maravillosa y verdadera. Pero si usted quiere cambiar su matrimonio, extienda esta analogía y pase algún tiempo pensando en Dios como su *suegro*. Porque cuando usted se casa con un creyente... ¡eso es lo que Él es!

Si usted quiere cambiar su matrimonio,
extienda esta analogía y pase algún tiempo
pensando en Dios como su suegro.

Cuando yo no respeto a mi esposa, cuando la humillo o la trato con condescendencia, cuando la trato mal en cualquier sentido, estoy buscando problemas con el Padre celestial a quien le interesa mucho el bienestar de mi esposa.

"ELLA ESTARÁ BIEN"

El día en que falleció mi suegro terrenal, Bill, él pidió hablar conmigo por teléfono. Había batallado valientemente con el cáncer durante casi una década y estaba cansado. Quería que yo orara para que Dios le permitiera irse pronto a casa.

Mi mente regresó a la cena de ensayo de nuestra boda, cuando Bill estalló en lágrimas diciéndome qué feliz estaba por la boda que se celebraría al día siguiente. Él no era para nada una persona emotiva, y pasaron casi dos décadas antes de que explicara el porqué de las lágrimas: "Gary, cuando te casaste con mi hija yo pensé: 'No tengo que preocuparme por Lisa. Ella estará bien. Encontró un hombre que la cuidará'".

Ahora que tengo dos hijas de veintitantos años, sé exactamente lo que Bill estaba sintiendo. Así que, durante nuestra última conversación, después de que ambos compartimos algunas cosas personales, le dije a Bill: "Quiero que sepas cuán agradecido estoy de que me hayas dado a Lisa, y quiero recordarte que nunca tendrás que preocuparte por Lisa. Yo me aseguraré de que ella esté bien".

Dije eso porque puedo imaginar que, en mi lecho de muerte, eso es exactamente lo que yo querría escuchar. Seguro acerca de mi destino eterno, al igual que lo estuvo Bill, creo que lo que más me preocupará serán aquellos que dejo atrás. Quiero saber que habrá alguien a favor de mis hijas.

Ver a Dios como mi suegro me ha ayudado a comprender las palabras del apóstol Pedro: "De igual manera, ustedes esposos, sean comprensivos en su vida conyugal, tratando cada uno a su esposa con respeto, ya que como mujer es más delicada, y ambos son herederos del grato don de la vida. Así nada estorbará las oraciones de ustedes" (1 Pedro 3:7).

Si un joven viniera a mí, alabándome, elogiándome por mi carácter, incluso cantando canciones sobre mí, y dándome cheques mensuales, pero yo sé que estaba haciendo sufrir a una de mis hijas con abuso o descuido, honestamente no tengo más nada que decirle que: "Oye, socio, comienza a tratar bien a mi hija y después hablamos". Su manera de tratar a mi niña sería lo primero y último de lo que yo querría hablar hasta que la situación cambiara. Así que tiene mucho sentido para mí que si no trato bien a Lisa, si no la trato con respeto como hija de Dios, con todo el honor y privilegios que implica tal cosa, mi vida de oración sufrirá.

DIOS QUIERE QUE SUS HIJOS SEAN AMADOS

Ver a nuestros cónyuges como hijos o hijas de Dios también nos ayuda a amarlos a pesar de sus imperfecciones. Sé que mis hijos no son perfectos, pero aún así quiero que sean amados.

Un verano le dije bromeando a mi hijo que yo podría escribir las tres primeras discusiones que él tendría con su futura esposa. Lo conozco así de bien, y sé exactamente dónde es probable que haya tensión entre él y su esposa. En ese momento, él no tenía ni siquiera una novia, pero cuando la tuvo, su primer desacuerdo estaba en mi lista.

Aunque yo sé dónde es probable que mi hijo falle e incluso aunque estoy plenamente consciente de cuáles son los puntos débiles de mis hijas y cómo es más probable que prueben la paciencia de sus cónyuges, casi me aterra cuán desesperadamente quiero que sean amados. Quiero que mi hijo encuentre una mujer que le honre, respete y apoye a pesar de sus debilidades y pecados. Quiero que cada una de mis hijas encuentre un hombre que las adore, que las ame y que las haga sentir seguras y protegidas...aunque a veces se despierten con una mala actitud. Ninguno de mis hijos es perfecto, pero siempre serán mis hijos, y por eso siempre voy a amar a las personas que los aman.

¿Será diferente con nuestro Suegro celestial? Dios está completamente consciente de las limitaciones de nuestro cónyuge, y está igualmente dispuesto a que seamos amables y generosos con ellos a pesar de estos errores, tal y como nosotros queremos que los futuros cónyuges de nuestros hijos lo sean con ellos.

EL MATRIMONIO: UNA PARTE CENTRAL DE NUESTRA ADORACIÓN

Mujeres, cuando se casaron con ese hombre y soñaron con conversaciones largas y sinceras hasta tarde en la noche, pero seis meses después de la boda se dieron cuenta de que se casaron con un hombre tan falto de emociones que solo se daría cuenta de que las tiene a menos que le pincharan la nariz hasta sangrar, piensen en su frustración bajo el contexto de esta verdad: hicieron a Dios muy, muy feliz al estar de acuerdo con amar a este hijo suyo a pesar de todas sus limitaciones. Su desilusión es comprensible, pero su adoración a Dios, que se evidencia al amar a su esposo, es algo precioso que será recompensado en la eternidad.

Hombres, cuando se casaron con esa joven, sin darse cuenta de que en el futuro de ellas habría cáncer de mama o Alzheimer, y ahora quisieran decir: "¡Esto no era lo que yo quería!", consideren cuánto gozo le dan a su Suegro celestial cuando él pudo decir el día en que se casaron: "Me alegra tanto que Julia (o Katia o Patricia) esté con un buen hombre que permanecerá a su lado y la cuidará por reverencia a mí. Sé lo que viene en su futuro y le daré a este hombre lo que necesita. Solo quiero que cuide bien a mi niña".

Cuando nuestra actitud es así, nuestro matrimonio se convierte en una parte central de nuestra adoración. Aprendemos a amar a personas imperfectas al servirles por reverencia a nuestro Dios perfecto, quien nos ama a pesar de nuestra imperfección. "Nosotros amamos a Dios porque él nos amó primero" (1 Juan 4:19).

Aprendemos a amar a personas imperfectas al servirles por reverencia a nuestro Dios perfecto.

Sin embargo, la mayoría de nosotros no comprende la manera tan completa en que Dios ama a la persona con quien nos casamos. Incluso si usted pasara diez años pensando en el asunto, todavía no llevaría a entender cuánto Dios se interesa realmente en su cónyuge. Él diseñó y creó a su cónyuge. Él atrajo a su cónyuge a la regeneración. Él quiere y siente una gran pasión por la persona con quien usted se casó. Si todavía le queda alguna duda de su interés y cuidado, considere esto: Él envió a su único Hijo a morir por su cónyuge.

Piense en cómo usted trató a su cónyuge la semana pasada. ¿Es así como usted quiere que su hijo o hija sea tratado por su cónyuge? No lo olvide nunca, usted no se casó sencillamente con un hombre o una mujer, usted se casó con un hijo o hija de Dios.

Trátele como tal.

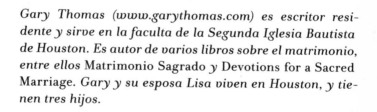

Gary Thomas (www.garythomas.com) es escritor residente y sirve en la faculta de la Segunda Iglesia Bautista de Houston. Es autor de varios libros sobre el matrimonio, entre ellos Matrimonio Sagrado y Devotions for a Sacred Marriage. Gary y su esposa Lisa viven en Houston, y tienen tres hijos.

4

Practique actos de bondad a propósito

Paul y Teri Reisser

Yo (Teri) llegué a la adultez con una firme convicción de que cualquier relación con una persona del sexo opuesto se convertiría inevitablemente en un juego continuo de estrategias muy bien concebidas. Este enfoque era en parte el resultado de la manera en que me trataron (o debiera decir *maltrataron*) los hombres cuando era una adolescente, pero esta elección también se alimentaba por lo que yo observaba muy a menudo en mi hogar cuando crecí.

Mi mamá, como no recibió mucha atención cuando era niña, desarrolló (de manera consciente o no) una idea de que el matrimonio implicaba un cuarto de operaciones permanente para planear y rastrear las escaramuzas con el "enemigo" (es decir, mi papá). Perdió más batallas de las que ganó, pero se convirtió en una experta en el arte de hacer que el enemigo pagara muy bien sus victorias. Podía castigar con un silencio glacial hasta que él cediera de una manera u otra, y entonces ella regresaba al cuarto de operaciones y movía sus fichas para ganar posición. A menudo me imagino qué clase de cambios maravillosos han ocurrido en su relación ahora que ambos han pasado a tener un hogar permanente con Dios, un hogar donde no hay cuartos de operaciones ni silencios glaciales.

Y entonces conocí a la mujer que se convertiría en mi suegra.

Harriet era la mamá con la que todo el mundo sueña. Era como si hubiera salido del set de la serie *Leave It to Beaver*. El principio que regía su vida era el servicio: a su esposo, a sus hijos, sus nietos, su comunidad, su iglesia. Su personalidad sencilla—ella se sentía muy cómoda con quién era y con su noción de que Dios era el dueño de su vida—la liberaba de la carga de pensar demasiado en proteger sus "derechos". Tenía una ética de trabajo gigantesca. Su mayor alegría y satisfacción en la vida era cuando aquellos bajo su cuidado estaban relajados, riendo y siendo cariñosos debido al servicio que ella les prestaba.

Harriet nunca me sentó para darme un sermón de cómo cuidar a mi esposo (es decir "su unigénito amado"). No tuvo que hacerlo porque yo me fijé muy bien en el fruto abundante que resultaba de la manera en que ella trataba a los demás. Para ella era más importante la comodidad de los demás que la suya propia, sin dejar tampoco que la pisotearan. (Era muy capaz de cuidar de sí misma.) A cambio de eso, todos buscábamos maneras de aligerar *su* carga.

Don, mi suegro, sin lugar a dudas adoraba a su esposa. No sé quién comenzó el modelo pero cuando yo llegué a la familia, vi a dos personas que se trataba con pequeños actos de bondad que transmitían un mensaje claro: "Tú no eres el enemigo. Eres mi amigo y tu carga me interesa. ¿Cómo puedo hacer tu vida más fácil hoy?".

LA HISTORIA DE PAUL

Mi papá (de Paul) era un veterano de la Segunda Guerra Mundial que nunca terminó la universidad. Quería que sus dos hijos llegaran tan lejos como pudieran en su educación sin ningún impedimento, ya fuera financiero o de otra clase. En mi caso eso incluía no involucrarme mucho con una chica antes de graduarme, y él a menudo hacía advertencias sombrías en cuanto a que el matrimonio nos desviaba del curso de la educación. Se preocupó cuando quedó claro que Teri y yo íbamos en serio durante mi último año de la escuela de medicina y en dos ocasiones la exhortó para que no se casara conmigo. Este fue el único consejo errado que nos dio, y nosotros lo rechazamos cortésmente ya que teníamos la aprobación incondicional para nuestros planes de matrimonio de parte de muchas otras personas que nos conocían bien. (Debiera añadir que una vez que llegó el día de la boda, él nos ofreció apoyo incondicional como pareja.) Lo que él no había comprendido era cuán bien nos había preparado para el matrimonio con su ejemplo.

Mi padre tenía una mentalidad muy bien definida de "yo soy la cabeza de familia" que estaba completamente matizada por un corazón de siervo cuando se trataba de mi mamá. Yo observaba cómo él la trababa con respeto día tras día, mucho más allá de lo que yo pudiera contar o mencionar. No se dejaba guiar por ninguna fórmula en cuanto a qué cosa era el trabajo de un hombre y cuál el de una mujer en el hogar, él estaba dispuesto a recoger la mesa, lavar los platos o usar la aspiradora cuando la ocasión lo requería. Él me enseñó a secar el mostrador del baño después de usarlo y esperaba que yo hiciera lo mismo. Siempre abría las puertas para que mi mamá pasara y me enseñó a hacerlo cuando yo empecé a tener citas. Mi papá también dejó muy claro cómo yo debía conducirme con las chicas y las mujeres en una época (la década de 1960) en la que los límites morales se evaporaban, literalmente.

Cuando conocí a Teri, con quien tuve la experiencia única de disfrutar una comunicación súper fácil y la tipo "¿cómo fue que no te conocí antes?" luego de nuestra primera cita, lecciones como estas ya eran algo natural en mí. Yo no podía creer que de alguna manera yo resultara atractivo para una mujer tan bella e inteligente, y ni mi papá ni yo pudimos haber previsto cómo le afectaría a ella el hecho de que yo siguiera su ejemplo.

LA HISTORIA DE TERI, SEGUNDA PARTE

Debido al modelo que mis suegros le dieron a Paul, desde nuestra primera conversación me llamó la atención su nivel de consideración y cuán natural parecía ser en él. Este tipo de relación cálida era un concepto nuevo para mí: me convertí en la receptora de pequeños actos de bondad que se hacían "solo porque te valoro", no como una maniobra calculada para alcanzar un fin específico. Sobra decir que la cálida consideración de Paul no me resultó nada difícil de aceptar ni de corresponder durante el encanto del romance y al comienzo del matrimonio.

Pero todos somos criaturas egoístas por naturaleza, por lo que es demasiado fácil acostumbrarse a tener a alguien que nos sirva. Y, peor aún, es muy fácil sentirse con derecho a ese tipo de cuidado o a darlo por sentado. Por otra parte, las exigencias de las responsabilidades diarias pueden erosionar de manera impresionante nuestros impulsos para servir a nuestro cónyuge, sobre todo cuando estamos agotados o frustrados por lo que los niños, un trabajo y la vida amontonan en nuestro plato todos los días. Paul y yo tenemos horarios muy exigentes, y hemos descubierto que con frecuencia estos aumentan nuestro ensimismamiento a medida que corremos contra el reloj para marcar nuestras listas de tareas por hacer. Sería bueno si los actos pequeños de bondad ocurrieran automáticamente mientras luchábamos con nuestras agendas repletas. Pero, como casi cualquier otra cosa que es importante en la vida, esas bondades requieren una disciplina centrada, intencional.

*Como casi cualquier otra cosa que es
importante en la vida, los actos de bondad
requieren una disciplina centrada, intencional.*

NUESTRAS CONCLUSIONES

Cada día una pareja puede encontrar montones de ocasiones para transmitir uno de estos dos mensajes:

o "te valoro, así que tomé un instante para ocuparme de esto por ti" o "¡La vida es dura! ¡Defiéndete como puedas porque estoy demasiado ocupado como para que me molesten!". Para ayudarle con el primero, le damos estos ejemplos de pequeños actos de bondad de nuestra familia:

- Cambiar el rollo de papel higiénico o ver cuán poco papel higiénico puede utilizar para que la otra persona tenga que lidiar con el soporte.
- Quitar el anillo de plástico al galón nuevo de leche o usar menos leche en su cereal con el fin de dejar a su cónyuge la tarea que casi arranca un dedo.
- Sacar la bolsa de basura de la cocina llena o echarle algo más con la esperanza de que su cónyuge arrastre hasta el recipiente de la basura la bolsa pesada y maloliente.
- Tomarse quince segundos para preparar el lado de la cama de su cónyuge y encender su lámpara de noche o simplemente dejar caer su cuerpo cansado en la cama.
- Rellenar la azucarera o poner un poco de azúcar menos en el café sólo por no tener que sacar de la bolsa de la despensa, batallar para rellenar la azucarera y limpiar el desastre que hizo en el mostrador cuando el recipiente se desbordó.
- Recoger un plato o vaso sucio donde el otro ha estado trabajando o descansando o "enseñar" a su cónyuge (con un suspiro de descontento agradable) a llevar sus propios platos sucios al fregadero.

- Ofrecer a llenar la taza de café de la otra persona o hacer que su cónyuge haga los ejercicios tan necesarios (es decir, caminar a la cocina).

Esta lista pudiera ser infinita y, aunque muchas de estas cosas pudieran parece triviales, su impacto con el tiempo puede ser monumental. Es evidente que si solo una persona realiza pequeños actos de bondad sin reciprocidad, la persona que los recibe puede desarrollar un sentido de derecho y la persona que sirve volverse resentida. Pero cuando dos personas son constantes e intencionales en cuanto a cuidar el uno del otro de estas maneras sencillas, se transmite y recibe un mensaje poderoso: "Yo soy un testigo de tu vida y veo estas cosas rutinarias que son parte de tus faenas diarias y quiero aligerar tu carga de esta manera sencilla para mostrarte cuánto te amo".

Esto es dinero literal que se deposita en la cuenta de las relaciones. Los depósitos pueden hacerse en cualquier momento. "Lanza tu pan sobre el agua; después de algún tiempo volverás a encontrarlo" (Eclesiastés 11:1).

El Dr. Paul Reisser es un médico de familia y miembro del Physician Resource Council de Enfoque a la familia. Teri Reisser es terapeuta matrimonial y familiar. Los Reisser viven y trabajan en el sur de California y son los autores de Durmiendo con un desconocido *(Enfoque a la familia, 2010). Tienen dos hijos adultos, tres nietos (¡sin dudas por encima de lo común!), y un perro encantador pero completamente consentido. Los autores se casaron en 1975 y todavía siguen felices con esa decisión.*

5

Relájese y ría

Ted Cunningham

*Goza de la vida con la mujer amada cada día de la fugaz
existencia que Dios te ha dado en este mundo.
¡Cada uno de tus absurdos días!
Esto es lo que te ha tocado de todos
tus afanes en este mundo.*

—ECLESIASTÉS 9:9, NVI

Cuentan que el predicador Henry Ward Beecher dijo en una ocasión: "Una [matrimonio] sin sentido del humor es como una carreta sin muelles, se sacude con cada piedrecita del camino. El sentido del humor hace que todo sea tolerable".

"Ríase en voz alta", dice Chuck Swindoll. "Eso ayuda a enjuagar el sistema nervioso". En otra ocasión Chuck dijo: "La risa es la terapia más bella y beneficiosa que Dios le ha concedido a la humanidad".

El psicoanalista Martin Grotjahn, autor de *Beyond Laughter* [Más allá de la risa], señala que "tener sentido del humor es tener comprensión del sufrimiento humano".

Bob Hope dijo que la risa es "vacaciones instantáneas".

Lo siguiente se le atribuye a Jay Leno: "Usted no puede quedarse enojado con alguien que le hace reír".

Bill Cosby dice: "Si usted puede encontrar humor en cualquier cosa, la puede sobrevivir".

En su libro *Americans and Others* [Los estadounidenses y otros], la ensayista y biógrafa Agnes Repplier, quien era conocida por su sentido común y su buen juicio, escribió: "Realmente no podemos amar a nadie con quien nunca nos hayamos reído".

Estoy de acuerdo con todo lo anterior. Su sabiduría acumulativa es la base para el mejor consejo que yo pueda imaginar en cuanto al matrimonio: ¡relájese y ría!

¡RELÁJESE!

A menudo me he preguntado: "¿Y si todos llegamos al cielo y descubrimos que había más que cinco lenguajes del amor?" Quiero y respeto al Dr. Gary Chapman, pero creo que se le olvidó uno porque *la risa* es mi lenguaje del amor. Una de mis misiones en la vida es hacer que Amy Cunningham se reía. Ella es mi mejor amiga y pasamos mucho tiempo riéndonos juntos. No tomarse tan en serio es el primer paso para llevar la risa a su matrimonio. Ser un adulto responsable no significa que siempre esté serio.

La mayoría de las personas diría que Efesios 5 es el texto principal que tiene la Biblia sobre el matrimonio, pero eso pasa por alto un tesoro grande que guarda el Nuevo Testamento sobre el matrimonio. Hombres, entiendo que tenemos que entregar nuestras vidas por nuestras esposas, pero nunca fue la intención de Dios que escogiéramos entre nuestra vida y nuestra esposa. Salomón dijo que podemos y debemos disfrutar ambas cosas.

Muchos libros y ministerios relacionados con el matrimonio hacen énfasis en que Dios nos da un cónyuge para que seamos más parecidos a Jesús. Aunque el matrimonio sí nos hace más parecidos a Jesús, no debemos olvidar que Dios creó el matrimonio antes de que el pecado entrara al mundo. El orden de la creación establece la compañía como la prioridad del matrimonio, no la santificación (Génesis 2:18). Dios quiere que usted *disfrute* su matrimonio.

El orden de la creación establece la compañía como la prioridad del matrimonio, no la santificación. Dios quiere que usted disfrute su matrimonio.

LA VIDA ES TRABAJO DURO

La vida es dura, uno muere, y luego lo olvidan. Ese es el tema de Eclesiastés. Está claro por qué la gente evita este libro, ¡es tan deprimente! Pero si usted busca los tesoros de Eclesiastés, empezará a ver el corazón de Dios para su vida y matrimonio.

En Eclesiastés 1 se utilizan imágenes en palabras para explicar nuestra vida en este planeta. Y, como se describe allí, la vida en esta tierra es puro trabajo:

Éstas son las palabras del Maestro, hijo de
David, rey en Jerusalén.

Lo más absurdo de lo absurdo,
—dice el Maestro—,
lo más absurdo de lo absurdo,
¡todo es un absurdo!

¿Qué provecho saca el hombre
de tanto afanarse en esta vida?
(Eclesiastés 1:1–3)

Nacemos a este duro trabajo que se llama vida, y
comienza la agitación. Enfrentamos tiempos duros y
desafíos a lo largo de la vida. Al principio del matrimonio comprendemos rápidamente lo del trabajo duro.
Lo más probable es que sobre todo experimentemos el
trabajo duro al tratar de ganarnos la vida. Puede que
haya sido muy duro. Quizá lo sentimos cuando nuestras
aspiraciones profesionales no salieron como pensábamos
o cuando tratamos de pagar las cuentas con una cuenta
de banco que ya no daba más. La Biblia dice que el trabajo continúa hasta el final:

Algunos llegamos hasta los setenta años,
quizás alcancemos hasta los ochenta,
si las fuerzas nos acompañan.
Tantos años de vida, sin embargo,
sólo traen pesadas cargas y calamidades:
pronto pasan, y con ellos pasamos nosotros.
(Salmos 90:10)

La edad no nos quitará el trabajo. Incluso si llegamos a 80 años, nuestra vida será dura. En este pasaje *pesadas cargas* y *calamidades*, significan atroz, difícil y doloroso, y es un mito pensar que mientras más años acumulemos, más fácil será la vida trabajosa. El dinero no puede librarnos. Los títulos no lo vencen. La edad y la madurez no nos libran del dolor ni de las pruebas.

De hecho Salomón dijo que ese trabajo duro se adueñará de nuestro cuerpo. Me encanta leerle a Amy Eclesiastés 12:1-5 en las noches para ayudarnos a imaginar nuestra vejez en el portal, meciéndonos en un sillón:

Acuérdate de tu Creador
  en los días de tu juventud,
antes que lleguen los días malos
  y vengan los años en que digas:
  «No encuentro en ellos placer alguno»;
antes que dejen de brillar
  el sol y la luz,
  la luna y las estrellas,
  y vuelvan las nubes después de la lluvia.
Un día temblarán los guardianes de la casa,
  y se encorvarán los hombres de batalla;
se detendrán las molenderas por ser tan pocas,
  y se apagarán los que miran a través de las
    ventanas.
Se irán cerrando las puertas de la calle,
  irá disminuyendo el ruido del molino,
las aves elevarán su canto,
  pero apagados se oirán sus trinos.
Sobrevendrá el temor por las alturas

y por los peligros del camino.
Florecerá el almendro,
    la langosta resultará onerosa,
    y no servirá de nada la alcaparra,
pues el hombre se encamina al hogar eterno
    y rondan ya en la calle los que lloran su
        muerte.

Seguimos en este arduo trabajo hasta el final y nuestra única salida es la muerte. ¿Ya te animaste? La vida es dura, y después morimos. ¿Por qué rayos estás todavía leyendo este capítulo?

Nos volvemos frágiles y nuestros cuerpos comienzan a fallar. Perdemos los dientes. Los lentes son cada vez más gruesos a medida que perdemos la vista. Nos quedamos en la casa y los sonidos del mundo irán desapareciendo. Dormiremos todo el día y nos despertaremos a las tres de la madrugada. Caminar será difícil por temor a tropezar. Tu almendro florecerá, lo que quiere decir que te saldrán canas. (Ya yo lo estoy experimentando a los treinta y seis.) Entonces, justo antes de morir, el sexo será difícil, si no imposible. La langosta resultará onerosa. El deseo sexual ya no se produce.

¡VIVA LA VIDA Y DISFRÚTELA!

En medio de todo el trabajo duro, Dios quiere que disfrutemos la vida: "¡Anda, come tu pan con alegría! ¡Bebe tu vino con buen ánimo, que Dios ya se ha agradado de tus obras! Que sean siempre blancos tus vestidos, y que no falte nunca el perfume en tus cabellos" (Eclesiastés 9:7-8).

Tú y yo tenemos responsabilidad en este trabajo diario. ¿Pudiera yo decir que parte de nuestro propósito en la vida es divertirnos y pasarlo bien? ¡Sí! ¡Dios le llama a disfrutar la vida! En medio del arduo trabajo que es la vida, mientras todavía esté vivo, salga y haga algo. ¡Viva la vida y disfrútela! Usted necesita encontrar y aferrarse a esos momentos: compartir una comida, reír, y estar contento. No elimine eso porque la vida sea difícil. No hay nada que podamos hacer para huir del arduo trabajo. Así que, mientras tanto, escoja el gozo. Y por el amor de Dios, ¡no digamos que nuestro cónyuge es el motivo del trabajo arduo.

Dios no me dio a mi cónyuge como parte del trabajo arduo; más bien, Amy y yo vamos por juntos por la trituradora de la vida. Del mismo modo, que usted no tiene que escoger entre la vida y un cónyuge. Usted puede escoger la vida con su cónyuge en medio de ese trabajo arduo: "Goza de la vida con la mujer amada cada día de la fugaz existencia que Dios te ha dado en este mundo. ¡Cada uno de tus absurdos días! Esto es lo que te ha tocado de todos tus afanes en este mundo" (Eclesiastés 9:9).

Observe que no dice: "Soporte la vida con su esposa todos sus absurdos días". Este es el único lugar de la Biblia donde dice: "Goza de la vida con tu mujer". Usted y yo no necesitamos escoger entre ambas cosas, y una no supera a la otra. Usted puede tener ambas cosas porque el matrimonio mejora la vida.

Me encanta cuando los hombres me dicen: "Yo tenía muchos planes, sueños y metas para el futuro... pero me casé" o "Mi esposa y yo teníamos muchos planes, sueños y metas para el futuro…pero tuvimos hijos". Déjeme decirle el término griego/hebreo para esas declaraciones: ¡tonterías! Su esposa no llegó a su vida para acabar con su diversión, sus sueños y sus metas. Y sus hijos no llegaron a su vida tampoco para ser aguafiestas.

HAY UN TIEMPO PARA TODO

El trabajo arduo tendrá su tiempo y estaciones, así como las tiene la tierra. El matrimonio tendrá primavera, verano, otoño e invierno; aunque no como un reloj, como sucede en las estaciones de la naturaleza. Dios creó la tierra con un eje de 23.5 grados y la colocó en rotación perfecta alrededor del sol. Por eso existen las estaciones. Aquí en Branson, Missouri, experimentamos las cuatro estaciones, aunque en algunos climas más extremos solo pudiera haber dos: seca y lluviosa. Cualquiera que sea el caso, las estaciones no duran para siempre en la naturaleza.

Lo mismo sucede en el matrimonio, las estaciones no duran para siempre. Pero disfrutar el matrimonio, disfrutar la vida, solo es posible cuando entendemos el concepto de las estaciones, cuando reconocemos la verdad de que experimentaremos muchas estaciones en la vida y en nuestro matrimonio, y que ninguna de ellas durará para siempre. Amy y yo hemos tenido diferentes estaciones en nuestro matrimonio. La época de los niños recién nacidos y muy pequeños fue difícil, pero rápidamente llegaron a la primavera. La etapa del seminario fue difícil a nivel financiero, pero una vez que me gradué, también llegó la primavera y gané un poco más de dinero para pagar las cuentas. Mis primeros años como pastor principal fueron la etapa más difícil de nuestro matrimonio, pero la resistimos y desde entonces hemos disfrutado muchas primaveras. Las estaciones crean un ritmo que trae esperanza al matrimonio. ¡Gracias, Padre, por las estaciones!

Existe una estación con la que su matrimonio y el mío necesitan refrescarse a menudo. Es la estación de la risa:

> Todo tiene su momento oportuno; hay un
>   tiempo para todo lo que se hace bajo el
>   cielo:
> un tiempo para nacer,
> y un tiempo para morir;
> un tiempo para plantar,
> y un tiempo para cosechar;
> un tiempo para matar,
> y un tiempo para sanar;
> un tiempo para destruir,
> y un tiempo para construir;
> un tiempo para llorar,
> y un tiempo para reír;
> un tiempo para estar de luto,
> y un tiempo para saltar de gusto.
>
> (Eclesiastés 3:1–4)

Ríase en medio del arduo trabajo y recuerde no tomarse demasiado en serio. Proverbios 17:22 dice: "Gran remedio es el corazón alegre". Su matrimonio necesita varias dosis de esta medicina. No la tenga escondida y guardada en el botiquín. Gracias Señor, por el don de la risa. Ahora, ¡vaya y disfrute la vida con su cónyuge!

———————— ❧ ————————

Ted Cunningham es el pastor fundador de la iglesia Woodland Hills Family Church en Branson, Missouri. Es el autor de Young and In Love: Challenging the Unnecessary Delay of Marriage *[Joven y enamorado: El desafío a la espera innecesaria para el matrimonio] y es el coautor de cuatro libros con el Dr. Gary Smalley. Ted participa cada mes con Gary Smalley en sus conferencias nacionales para el matrimonio* Love and Laughter. *Ted y su esposa Amy viven en Branson con sus hijos Corynn y Carson.*

6

Sea el mejor amigo de su cónyuge

Les y Leslie Parrott

Dos días después de nuestra boda en Chicago, Les y yo nos refugiamos en una cabaña rodeada de árboles madereros altísimos junto a la pintoresca costa de Oregón. Unas pocas millas al sur estaban las famosas dunas donde planeábamos montar a caballo más adelante en la semana. Y hacia arriba había una villa portuaria singular donde pensábamos pasar otro día visitando tiendas sin apuro y luego cenar a la luz de velas en un hostal rústico que unos amigos nos habían recomendado. Además de eso, no teníamos nada en nuestro itinerario durante los próximos cinco días excepto disfrutar la playa y el uno al otro, llueva o truene.

Ninguno de los dos podía haber soñado con un lugar mejor para nuestra luna de miel. No es que todo fuera perfecto. Por accidente dejamos dentro del auto alquilado las llaves, el día después de llegar. Yo estaba comentando cómo el sol trataba de salir detrás de algunas nubes cuando Les se dio cuenta de que las llaves estaban en el encendido y las puertas cerradas.

—Quédate en la cabaña —dijo Les, en su primer intento de ser un esposo "con todo bajo control"—. Voy a ir a la gasolinera que está en la carretera y buscar ayuda.

—Voy contigo —contesté yo.

—¿Estás segura? Puede que llueva.

—Será divertido. Vamos.

Conversamos mientras caminamos las dos o tres millas hasta el teléfono público (esto fue antes de los celulares) donde hicimos arreglos para que el cerrajero nos recogiera y nos llevara de regreso al auto. Sentamos en la acera esperamos, sin decir nada, mientras un par de gaviotas platicaban en lo alto. Les estaba jugando con un palito que había recogido en el camino cuando me di cuenta que habían pasado varios minutos y ninguno había dicho una palabra. Sin embargo, era una tranquilidad cómoda, una especie de silencio elocuente: estábamos contentos y cómodos sin hablar.

Y creo que fue allí y en ese momento, sentada en silencio en la acera, junto a una cabina telefónica bajo un cielo nublado, que me di cuenta: He conseguido el amor verdadero. No estoy hablando de un simple romance ni de la emoción de la pasión. Estoy hablando de un amor duradero que implica afecto profundo y amistad. Aquello que yo había estado buscando desde que tuve edad suficiente para buscarlo y ahora lo poseía: Me había casado con un hombre que me amaba profundamente, así como yo a él, y éramos los mejores amigos. Nos habíamos comprometido a caminar juntos para siempre.

AMOR VERDADERO

Los misterios etéreos del amor ahora se desplegaban ante mis ojos. Sus cualidades esquivas se desaparecían. El amor verdadero ya no estaba fuera de mi alcance. De hecho era todo lo contrario. Parada allí, sin hacer nada, el amor envolvía mi ser. No de una manera embriagadora. No estoy hablando de los efectos mareantes de enamorarse que experimentamos en las primeras etapas de una nueva relación. Les y yo llevamos casi siete años de novios antes de casarnos e irnos de luna de miel a la costa de Oregón.

El amor al que me refiero que experimenté aquel día era lúcido y cimentado en la compañía. Éramos aliados. Camaradas. Socios. Compañeros. No había una puesta de sol que azuzara nuestro estado de ánimo, ni música de fondo para hacer romántica la escena. Esta era la realidad de estar juntos como esposo y esposa que no solo estaban enamorados sino que eran amigos.

EL ABRIGO DEL UNO Y EL OTRO

"No es la falta de amor sino la falta de amistad lo que hace infelices a los matrimonios", dijo Friedrich Nietzsche. El afamado investigador sobre el matrimonio John Gottman, de la Universidad de Washington, nos dijo un día mientras almorzábamos: "Los matrimonios felices se basan en una profunda amistad". Resulta que ser amigos en al matrimonio es crucial para tener un amor de por vida. Es por eso que decimos que ese es el mejor consejo que nos han dado jamás acerca del matrimonio. Por cierto, este sabio consejo no es solo una idea linda que usted pudiera encontrar en un cuadrito en una tienda para regalos: muchas investigaciones y estudios la respaldan.

Aunque parezca raro, a pesar de todos los estudios, no se ha escrito mucho sobre el tema. Existen incontables volúmenes sobre el romance, la intimidad y la pasión en el matrimonio, pero no hay mucho sobre el acto sencillo de ser buenos amigos como esposo y esposa. Al parecer en la mente de muchos la amistad es secundaria con respecto al romance.

Pero mire esto: una investigación de Gallup indica que la calidad de amistad en una pareja pudiera representar el 70 por ciento de la satisfacción matrimonial en general. De hecho se dice que la intimidad emocional que una pareja comparte es cinco veces más importante que su intimidad física.[1] Así que es lógico que nosotros, como pareja, podamos avivar nuestra vida amorosa al mejorar la calidad de nuestra amistad. Es un consejo que toda pareja puede seguir.

Se dice que la intimidad emocional que una pareja comparte es cinco veces más importante que su intimidad física.

CÓMO LLEGAR A SER LOS MEJORES AMIGOS

Cuenta la leyenda que el rey Ciro el Grande le preguntó a un joven soldado persa si cambiaría el caballo con el que acababa de ganar una carrera por todo un reino. "Claro que no, señor, pero con gusto me desprendería de él para ganar un buen amigo", contestó el joven soldado.

Es difícil encontrar un buen amigo y cuando lo hacemos, especialmente en el matrimonio, a veces damos a esa persona por sentado. A continuación algunas ideas para evitarlo.

Mire con los ojos de su pareja

Barbara Brown Taylor, profesora de Piedmont College en la zona rural de Georgia, lo sabe bien. Ella escribe: "A mi esposo Edward le encantan los halcones y sobre todo las águilas reales que están regresando a nuestra zona en Georgia. Manejar con él por la autopista puede ser una prueba para los nervios mientras él estira el cuello por encima del timón para observar las plumas en las alas de un pájaro bastante grande".

Su esposo, como todo admirador de las aves, quiere saber si es un águila o simplemente un buitre. De hecho, como dice Barbara, él *tiene* que saberlo, incluso si eso implica zigzaguear un poco en el camino, o salir por completo de vez en cuando. Ella continúa: "Mi punto de vista es un poco diferente: '¡Mantén la vista en la carretera!', le grito. '¿A quién le importa qué cosa es? Te voy a comprar un libro sobre pájaros. ¡Hasta te compro un pájaro! ¡Pero mira por dónde vas!'".

Hace unos veranos los horarios de Barbara y Edward los mantuvieron alejados durante dos meses y ella pensó que tendría un descanso de las águilas. "En cambio, empecé a verlas por todas partes, haciendo círculos en el aire, en espirales, agachadas en las cimas de los árboles. Las veía, las veía realmente por primera vez en mi vida, y me di cuenta de que no las estaba viendo con mis ojos sino con los ojos de Edward. Él no estaba allí, así que yo las estaba viendo en su lugar."[2]

Barbara estaba ansiosa por contarle a su esposo sobre las águilas que había visto. ¿Por qué? Porque Edward había abierto sus ojos a lo que ella no hubiera visto sin él.

Prográmese para la amistad

Tratamos de hacerlo. Lo ahorramos. Lo buscamos. Lo compramos. Y hasta lo pedimos prestado. Sin embargo, tener tiempo para el otro sigue escapándoseles a muchas parejas. Pero la verdadera amistad no puede surgir sin este. Truman Capote dijo: "La amistad es un trabajo a tiempo completo". Es una gran verdad.

La mayoría de las parejas casadas viven y aman con tiempo prestado. Pasan su mayor tiempo en todo lo demás y luego trataban de ahorrar juntos lo que queda y depender del tiempo que están tomando prestado del futuro, mientras dicen: "Algún día haremos esto o aquello... Mañana no estaremos tan ocupados... Con el tiempo las cosas serán diferentes". Pero eso es suficiente para los buenos amigos. En cambio, los buenos amigos se adueñan de cada momento que tienen juntos: escogen invertir tiempo en la relación. Y su calendario lo demuestra. Programan las citas. Comparten la cena. Planifican viajes y aventuras. Si no se programan el uno para el otro, acaban como muchas parejas: siendo compañeros de cuarto en lugar de compañeros para la vida.

Estudien el hueso de la alegría del otro

Hace unos años escribimos un libro titulado *La lista del amor*. Está diseñado para ayudar a las parejas a hacer ocho cosas pequeñas que marcan una gran diferencia en sus matrimonios. Y de todas las sugerencias que hacemos en el libro, el capítulo titulado "Encuentren algo que les haga reír a ambos" parece ser con el que más parejas se identifican. ¿Y por qué no? A fin de cuentas, la risa es crucial para ser buenos amigos. Une a las personas como ninguna otra cosa. Es verdad, uno se siente triste cuando su amigo está triste. Uno lleva su dolor, pero también comparte su alegría.

Si quieren ser los mejores amigos en su matrimonio, asegúrense de despertar el sentido del humor en la otra persona de manera habitual. ¿Cómo? Existen varias formas. Recuerden momentos divertidos del pasado que siempre les hacen reír. Si les gusta, háganse bromas o vean juntos una comedia. Todo el mundo tiene el hueso de la alegría en un lugar diferente. A algunos les gusta el humor cerebral de Woody Allen mientras que otros disfrutan las payasadas de *Los tres chiflados*. Solo ustedes dos saben lo que realmente les hace reír. Así que ríanse a menudo.

Por cierto, la risa es un bálsamo sanador para su matrimonio. Tiene efectos psicológicos importantes en usted y en su cónyuge. Por supuesto, esto no es noticia. Ya que al menos desde la época del rey Salomón, la gente sabe y aplica los beneficios sanadores de la risa. Como nos dice Proverbios: "Gran remedio es el corazón alegre" (17:22). Así que estudie el hueso de la alegría de su cónyuge y añada más risa a su relación.

Protéjanse el uno al otro

Cuando Richard Nixon estaba en el punto más bajo del escándalo Watergate y cerca de que lo inculparan, recibió una carta sincera de su amigo Harold Macmillan, antiguo primer ministro de Inglaterra. Años después, cuando Macmillan murió, Nixon le escribió un tributo y habló de cuán significaba fue aquella carta. "Lo que uno aprende cuando falla es quiénes son tus verdaderos amigos", escribió Nixon.

Lo mismo sucede con las parejas en el matrimonio. Los buenos amigos se protegen el uno al otro. No se abandonan, incluso cuando están en problemas. Y no te abandonan cuando les cuesta algo seguir siendo su amigo, incluso si ese algo es su orgullo. Algunas personas le llaman a eso fidelidad. Otras le llaman lealtad o constancia. Como sea que usted le llame, este rasgo e vital para la amistad de un esposo y esposa.

Piénselo. Todo el mundo, en un momento u otro, tiene un mal momento y camina solo. Todos experimentamos nuestro Getsemaní privado. Todos sufrimos pérdidas. Todos encontramos dolor y decepción profundos. Es en estos momentos desesperados que podemos cuidarnos los unos a los otros y protegernos del mal.

E incluso cuando de cierto modo creamos nuestro propio mal en el matrimonio, cuando las peleas son demasiado comunes, ese es el momento en que tenemos que apoyarnos más en este rasgo de la amistad. En una encuesta reciente que preguntó: "¿Qué le haría abandonar a su cónyuge?" casi un tercio de los más de seis mil encuestados respondió: "Las peleas continuas".[3] Pero las peleas no tienen que ser un problema porque los buenos amigos unen fuerzas. Se cuidan el uno al otro. Y, como dijera Jesús, esta es quizá la mayor señal de amistad que existe: "Nadie tiene amor más grande que el dar la vida por sus amigos" (Juan 15:13).

SU MANANTIAL EN EL DESIERTO

El matrimonio es un desierto si ustedes no son buenos amigos. Creemos fervientemente que invertir en la amistad con su cónyuge tendrá un impacto significativo en la salud de su matrimonio. Por supuesto, como cualquier otra amistad, a veces podemos dar por sentada nuestra amistad con nuestro cónyuge…como pasa con un par viejo de pantuflas. Es entonces cuando estos consejos son más importantes. Y usted sabe que están dando resultados cuando el amigo que usted ve en el desayuno es el mismo que anhela ver cuando regrese a casa en la noche. Tenemos que ser leales a esta amistad más que a ninguna otra. Y aunque a veces sí la damos por sentado, que nunca la cambiemos por nada.

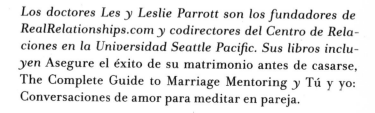

Los doctores Les y Leslie Parrott son los fundadores de RealRelationships.com y codirectores del Centro de Relaciones en la Universidad Seattle Pacific. Sus libros incluyen Asegure el éxito de su matrimonio antes de casarse, The Complete Guide to Marriage Mentoring *y* Tú y yo: Conversaciones de amor para meditar en pareja.

7

Comunique cuánto su cónyuge significa para usted

H. B. London

Hace cincuenta años, antes de que hubiera mucha consejería matrimonial, Jim Dobson (mi tío) nos casó a Beverley y a mí. El día de la boda, mientras estábamos sentados en el motel, él nos preguntó:

—¿Qué les gustaría saber? ¿Qué quieren que les diga?

—¿Estás hablando en serio? —dije yo—. Ni siquiera sé qué preguntas hacer.

Él solo me miró y me dijo:

—Bueno, está bien. Este es mi mejor consejo. Nunca se vayan a dormir enojados. Necesitan quedarse despiertos hasta que lo resuelvan.

Lo que sabía el tío Jim era que si no tratábamos el asunto rápidamente, entonces surgirían otros asuntos que se transformarían en problemas más grandes. Así que siempre he tratado de vivir según Efesios 4:26-27: "'Si se enojan, no pequen'. No dejen que el sol se ponga estando aún enojados, ni den cabida al diablo". Por favor note que dije: "siempre he *tratado*". En ocasiones he tratado y he fallado.

Aunque disto mucho de ser perfecto, de todos modos estoy convencido de que el no comunicarse de manera honesta con el tiempo llevará a asuntos mucho más complicados. Trate con sus asuntos tan pronto surjan o llegarán a controlarle.

El no comunicarse de manera honesta con el tiempo llevará a asuntos mucho más complicados. Trate con sus asuntos tan pronto surjan o llegarán a controlarle.

NO HAGA SUPOSICIONES

Más allá de la interpretación usual de Efesios 4:26, creo que el tío Jim también estaba diciéndome: "No dejes que tu cónyuge sienta que no es valorada ni apreciada". Creo que la clave para evitar eso es tratar de mantener abierto el canal de la comunicación de manera que cada uno de ustedes sepa lo que otro cónyuge está pensando la mayor parte del tiempo posible. Cuando comenzamos a adivinar cómo se siente nuestro cónyuge es cuando a menudo cometemos errores, no solo al juzgar sino al hablar. Comenzamos a suponer cuáles son sus necesidades. A menudo nuestras suposiciones se basan en lo que queremos escuchar más que en la realidad.

APRENDA CÓMO MOSTRAR AMOR

Al comienzo de nuestro matrimonio a menudo Beverley me preguntaba: "¿Me amas" ¿Me amas? ¿Me amas?". A veces casi me molestaba. Era frustrante. Con 20 años yo podía decir "te amo", pero no sabía que más hacer. No estoy siquiera seguro de que entendiera lo que era el amor verdadero. Por consiguiente, es probable que haya creado cierta inseguridad en ella porque no sabía cómo afianzarla como debía o no sabía expresar el amor que ella necesitaba.

Con los años he tenido que concertar mis esfuerzos para aprender cómo mostrarle a mi esposa que la amo. Pero, a los 21 años, Beverley se convirtió en esposa de un pastor. Además yo era una persona que quería lograr muchas cosas y viajaba mucho. Ella tenía que lidiar con el hecho de que yo estaba fuera gran parte del tiempo y criaba sola a nuestros dos hijos. Yo buscaba maneras de liberarla de sus responsabilidades y darle un descanso, saliendo a cenar o llevándola de paseo o comprándole algo. Quería encontrar maneras de decirle: "Tú has sido tan paciente, y realmente noble con todo esto. No quiero que pienses jamás que te estoy desatendiendo ni dándote por sentado". También trataba de decirlo con muchas palabras porque Beverley necesitaba escucharlo de mí.

Desde entonces he aprendido que muchos hombres no saben cómo decir las cosas que necesitan ser dichas cuando necesitan decirse. Muchos venimos de hogares rotos y sin padre y nunca hemos aprendido cómo amar o ser compasivos. Así que, honestamente, muchos hombres que juegan pelota cuatro noches por semana y luego salen con sus amigos después del juego consideran que eso es más divertido que ir a casa para encontrarse con tres niños gritando y una esposa infeliz. Esta opción deja a sus esposas sintiéndose no queridas, ni respetadas y, en ocasiones, desesperadas.

NO SE DEN EL UNO AL OTRO POR SENTADO

A nosotros, esposos y esposas, nos resulta muy fácil comenzar a darnos por sentado el uno al otro; no expresamos el tipo de apoyo continuo que las personas necesitan escuchar. En ocasiones yo doy a Bev por sentado a pesar de saber que no es así. El otro día ella me miró y me dijo: "Tú no escuchaste ni una palabra de lo que yo dije, ¿verdad?".

Yo le contesté: "Para serte honesto, no, no las escuché. Escuché ruido, escuché una voz, pero no escuché una palabra. Vaya, si me pones una pistola en la cabeza y me pides que te diga lo que acabas de decir, no podría hacerlo. Pero por favor, no me pongas la pistola en la cabeza". Afortunadamente ella no lo hizo. Nos reímos.

Algo que siempre les digo a las parejas jóvenes es que no tengan temor de hacerse preguntas.

Algo que siempre les digo a las parejas jóvenes es que no tengan temor de hacerse preguntas. Incluso preguntas sencillas como: "¿Cómo estás?" brindarán mucha información si usted escucha la respuesta. A menudo si un cónyuge se siente solo, temeroso o frustrado, solo dele la oportunidad de decírselo. Pero muchas veces no queremos saber porque tendremos que hacer cambios en nuestra actitud o en nuestras acciones. Pero incluso si no queremos saber cómo se siente nuestro cónyuge, necesitamos preguntar.

Podemos desarrollar lo que yo llamo la "audición creativa", lo que significa que oímos lo que queremos oír, ¡y no necesariamente lo que se dijo! Por ejemplo, su cónyuge podría decirle: "He estado tratando de decirte desde hace dos semanas que estoy abrumada y me siento abandonada, y no me has escuchado. Por alguna razón, has pasado por alto todo lo que he tratado de decir o hacer. ¿Por qué?".

Cuando esto sucede, a menudo regreso al consejo original del tío Jim Dobson: no puedo permitirme hacer oídos sordos a mi cónyuge que está pidiendo ayuda o socorro. Cuando esto sucede, las parejas pueden desarrollar un tipo de independencia. Dirán: "Está bien. Voy a tener que encontrar la manera de sentirme realizado" o "Voy a tener que encontrar a alguien que escuche cuando hablo". Esa nueva estrategia provoca un distanciamiento en la relación, y es fácil que ocurra una aventura amorosa. La soledad a menudo lleva a apoyarse en el hombro de otra persona que escuche. Así que siga hablando con su cónyuge y nunca, nunca deje de escuchar.

LA RAÍZ DE LAS
AVENTURAS AMOROSAS

He visto las consecuencias de este fallo montones de veces. Digamos que una esposa se siente abandonada y que la dan por sentado. Ambos cónyuge trabajan, así que la mujer se va al trabajo y entabla una amistad con un colega que lleva a cierto tipo de atracción emocional. Entonces, ya que esta relación no tiene verdaderos compromisos, ambas partes sienten que se están comunicando con facilidad. Tal vez están siendo escuchadas y apoyadas, tal vez incluso tienen un sentido de valor real. Y van a casa y se encuentran lo mismo de siempre y dicen: "Me gusta más de la otra manera". No siempre el divorcio es el resultado pero sin dudas puede desarrollarse una frialdad que nunca se descongela.

Muchas aventuras amorosas ocurren porque la persona no se siente valorada por su cónyuge o el matrimonio se vuelve insípido y aburrido. Hay que trabajar realmente para mantener un matrimonio vivo y creciente. Su matrimonio no se convertirá en rutina si se siguen amando el uno al otro, si siguen buscando maneras de refrescar su amor y compromiso con el otro. La consecuencia de no hacerlo es casi siempre el egocentrismo y eso con el tiempo llevará a la separación. El egoísmo es algo cruel, y Satanás lo usa en muchos sentidos. Es el destructor de las relaciones porque dice: "Mis necesidades, mis opiniones, y mis expectativas son más importantes que las de mi pareja".

DIEZ MANERAS DE INTERRUMPIR LA COMUNICACIÓN

Durante los muchos años que he aconsejado a parejas, me he dado cuenta de diez cosas que los cónyuges pueden hacer que interrumpen la comunicación, e interrumpir la comunicación no es bueno.

1. Estar demasiado ocupado: Actuar sobre el repentino impulso de limpiar el piso o lavar las ventanas o cortar el césped o trabajar en el coche puede causar tanto daño como quedarse en la oficina dieciocho horas al día.

2. Mantenerse lejos de casa: En lugar de enfrentarse a la situación, el esposo y la esposa guardan tiempo y distancia entre sí, se tratan como extraños.

3. El permanecer en compañía de otras personas: Cuando estamos rodeados de personas es muy fácil evitar el verdadero problema. A menudo uno de los cónyuges puede llegar a estar celoso de las amistades del otro.

4. Obsesión de hacer el bien: Este intento de agradar a las personas que no son el cónyuge es una manera muy insidiosa de evitar una conversación necesaria.

5. El sarcasmo o el ridículo: Estas formas de hostilidad hieren y hacen daño. Lo mismo ocurre con palabras como *tú nunca* o *tú siempre*. ¡Evite esas frases!

6. Sacar a colación el pasado: No se ponga histórico. Enfrente el presente y siga adelante.

7. Silencio: La decisión de no comunicarse implica que no vale la pena compartir con la otra persona,

que a usted no le importa lo que el otro piensa, y que la otra persona no tiene nada que aportar.

8. Hacer que la otra persona se sienta barata o ignorante: Su cónyuge nunca lo olvidará.

9. Herramientas: Tácticas como llorar, dar portazos, gritar, irse a casa de la madre, quedarse dormido, etc., sin dudas impedirán la comunicación. Cuando las emociones están presentes, trate con ellas.

10. "¿De qué sirve?": Rendirse cuándo debiera hacer algo al respecto, no logra nada. Muchos matrimonios finalizan antes de tiempo porque una o ambas partes se dan por vencidas, al parecer no creen que valga la pena salvar el matrimonio.

Por otro lado, la buena comunicación es ser libre para experimentar y expresar sus verdaderos sentimientos según surjan. Hacerlo es la base de toda comunicación entre un esposo y una esposa para producir crecimiento. Efesios 4:29: "Eviten toda conversación obscena. Por el contrario, que sus palabras contribuyan a la necesaria edificación y sean de bendición para quienes escuchan". La verdad importante es que no podemos borrar cualquier cosa que digamos. No podemos borrar las cosas que decimos en momentos de frustración o enojo. Las mujeres especialmente tienden a recordar las palabras hirientes para siempre.

La verdad importante es que no podemos borrar cualquier cosa que digamos.

SE NECESITA UN COMPROMISO
DE POR VIDA

Me tomó mucho tiempo encontrar la manera de comunicarme con mi esposa, y sigo tratando de decirle lo mucho que ella significa para mí. También oro por ella y por nosotros regularmente. La oración es una herramienta maravillosa para asegurarse de que su matrimonio dure toda la vida. Cuando oren el uno por el otro, Dios permitirá que usted mantenga fuerte lo que Él ha unido.

Recuerde el poder de una simple disculpa. Es asombroso cómo las palabras "lo siento" pueden calmar los ánimos. Finalmente, siga hablando y nunca deje de escuchar. Haga lo que sea necesario para mantener los canales de comunicación abiertos. ¡El amor que se comunica es el amor que nunca deja de ser!

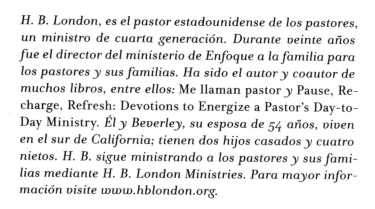

H. B. London, es el pastor estadounidense de los pastores, un ministro de cuarta generación. Durante veinte años fue el director del ministerio de Enfoque a la familia para los pastores y sus familias. Ha sido el autor y coautor de muchos libros, entre ellos: Me llaman pastor *y* Pause, Recharge, Refresh: Devotions to Energize a Pastor's Day-to-Day Ministry. *Él y Beverley, su esposa de 54 años, viven en el sur de California; tienen dos hijos casados y cuatro nietos. H. B. sigue ministrando a los pastores y sus familias mediante H. B. London Ministries. Para mayor información visite www.hblondon.org.*

8

Deténgase, déjese caer y ruede

Dewey Wilson

¿Qué rayos estábamos pensando? Yo estaba acostado en la cama pensando en lo que había sucedido unas horas antes. El pensarlo me hacía un nudo en el estómago que parecía del tamaño de una pelota de bolos. Mi esposa Lynne y yo acabábamos de acceder a hacer algo que revelaba claramente que nuestro matrimonio estaba tambaleándose.

Reconozco que en ocasiones soy un poco lento para descifrar las cosas. De hecho alguno pudiera decir que me toma una hora y media para ver el programa *60 Minutes* [60 minutos]. Así que cuando al principio estuve de acuerdo con el arreglo, no me preocupé. Pero ahora que la idea de compartir los detalles de nuestro matrimonio con problemas se hacía una realidad, empecé a ponerme nervioso. Yo me preguntaba: *¿Qué vamos a hacer?* Al recordarlo, debiera haberme dado cuenta de que la pregunta verdadera era: ¿Qué cosa va a hacer Dios?

LA PETICIÓN

Lo que me mantuvo despierto aquella noche fue una petición de una pareja en nuestra iglesia. James y Linda estaban a unos meses de su vigésimo aniversario de bodas pero los últimos años habían sido difíciles para ellos. De hecho, ahora vivían separados, los papeles estaban firmados y lo único que impedía que su divorcio se hiciera definitivo era la firma de un juez. Sin embargo, James y Linda habían descubierto una opción de última hora que podría salvar su matrimonio.

Mientras asistía a una conferencia sobre el manejo de conductas agresivas, James conoció a un ministro que le sugirió que trataran de encontrar una pareja que tuviera un buen matrimonio y a quien ambos respetaran. Entonces James y Linda debían pedir a esta pareja que fueran sus mentores.

Bueno, nos escogieron a Lynne y a mí. Yo era su maestro de Biblia en la iglesia y Lynne parecía ser la madre y esposa ideal para un líder de iglesia. James y Linda nos invitaron a cenar e hicieron la pregunta: "¿Estarían ustedes dispuestos a reunirse con nosotros y hablar de qué funciona en su matrimonio?".

Lynne y yo estábamos a unas pocas semanas de celebrar nuestro vigésimo aniversario. Yo era un constructor residencial exitoso de una de las empresas principales en Dallas. Durante este breve período de nuestro matrimonio, Lynne era ama de casa y educaba en casa a nuestras dos hijas adolescentes. Durante la mayor parte de nuestra vida de casados, además de enseñar en la casa, Lynne había trabajado con diligencia junto a mí supervisando las operaciones en las dos empresas de construcción que yo había tenido anteriormente. Además manejaba la empresa de petróleo y gasolina que ella tenía.

Cuando no estábamos trabajando, o enseñando en casa, usted podía encontrarnos en nuestra iglesia. Yo me sentía orgulloso de tener los títulos de Oficial de diáconos, diácono, miembro del comité de presidentes de comités y maestro de Biblia en una de las iglesias más grandes de los Estados Unidos. Lynne se había convertido en una líder muy respetada del ministerio infantil y juvenil, pero la mayor parte del tiempo servía a mi lado.

En apariencias usted pensaría que lo teníamos todo. Éxito en los negocios y líderes respetados en nuestra iglesia. Lamentablemente, lo que usted ve por fuera no siempre corresponde con lo que ve en casa, y eso es lo que cuenta realmente. La verdad es que, a pesar de lo exitosos, ocupados y respetados que éramos, nuestro matrimonio apestaba. Con los años habíamos llegado al punto en que llegan muchas parejas bien intencionadas: simplemente coexistíamos.

SALUDABLE SOLO POR FUERA

Durante años Lynne me había pedido que fuéramos a consejería para lidiar con los asuntos que nos impedían tener el tipo de matrimonio que parecía que teníamos, el tipo de matrimonio que realmente queríamos. Pero yo era muy orgulloso y tenía terror a quedar al descubierto, así que contarle a un consejero (o a cualquier otra persona) sobre los problemas que teníamos, sencillamente no iba a pasar. Nos habíamos vuelto profesionales en esconder nuestro matrimonio mediocre del resto del mundo, que era algo así como tratar de esconder el pavo en la mesa del Día de Acción de Gracias. Podíamos ponernos nuestros trajes, sonrisas y salir por la puerta de la calle y convencer al resto del mundo de que éramos felices. Al parecer, hasta habíamos convencido a James y a Linda.

UNA ESPOSA QUE ORA

Aunque nuestro matrimonio estaba patas arribas en muchos sentidos, la vida de oración de Lynne no lo estaba. Aunque yo no estaba de acuerdo con la consejería, ella no se rindió ni se enojó. En cambio, oró durante años para que Dios interviniera en nuestro desastre. A esas alturas parece que Lynne captó la atención de Dios porque eso era justamente lo que Él estaba a punto de hacer.

A partir de enero de 2002 y continuando hasta mayo de ese año, nos reunimos todas las semanas con James y Linda. No teníamos un plan detallado, pero sí teníamos un conocimiento sólido de la Palabra de Dios y una herramienta de evaluación que ayudaba a las personas a comprender los puntos fuertes de su personalidad.

Lo que Dios hizo en los próximos meses para restaurar el matrimonio de James y Linda y enriquecer el nuestro por completo fue increíble. De hecho, eso impactó nuestras vidas de manera tan dramática que en noviembre de 2002 nos entregamos a tiempo completo al ministerio y fundamos un ministerio llamado Mentores Matrimoniales [Marriage Mentors] que ha alcanzado a matrimonios en todo el país. Lo que Satanás pensó usar para mal en las vidas de dos parejas, Dios lo usó para bien.

USTED TAMBIÉN PUEDE EMPEZAR OTRA VEZ

Ya que usted ha elegido leer este capítulo, es probable que tenga serias intenciones de mejorar su matrimonio. También podría ser que su matrimonio esté en el mismo lugar que estaba el nuestro hace años. Si es así, al igual que nosotros, su matrimonio no llegó a ser poco saludable de la noche a la mañana. Tomó tiempo. Y, aunque transformamos las cosas en unos meses, no fue una sola cosa grande la que lo logró. De la misma manera en que un montón de malas decisiones con el tiempo casi arruinaron nuestro matrimonio, serían necesarias un montón de buenas decisiones para que las cosas mejoraran. Pero nuestro matrimonio sí pasó de vacío a satisfactorio, y el suyo también lo puede hacer.

De hecho, a Lynne y a mí nos gustaría compartir algunas verdades sencillas sobre el matrimonio que son eficaces con las parejas, ya sea que necesiten un ajuste o una reparación general. No es que nuestra historia debería ser canonizada, o que si usted hace exactamente lo que hicimos nosotros, obtendrá lo mismo que nosotros. Usted es único, y su matrimonio viene con su propia historia y desafíos. Pero sabemos que la Palabra de Dios derriba cualquier muralla y creemos que si prueba estos principios básicos, no saldrá decepcionado.

PRINCIPIOS QUE PUEDEN AYUDAR A CUALQUIER MATRIMONIO

Si no lo ha hecho todavía, le animo a tomar un lápiz o marcador porque esta frase siguiente es fundamental para todo lo que sigue, y es lo primero que debemos subrayar o resaltar: Antes de que se produzca un cambio en la vida de cualquier persona, esta debe ver primero que tiene sentido cambiar.

Antes de que se produzca un cambio en la vida de cualquier persona, esta debe ver primero que tiene sentido cambiar.

El cambio necesita tener sentido

Poco después de comenzar a servir de mentores para James y Linda, Lynne y yo nos dimos cuenta de que no podíamos impartir lo que no teníamos. Así que sabíamos que si alguna vez tendríamos la oportunidad de ayudar a nuestros amigos, algunos aspectos de nuestro matrimonio tenían que cambiar. Empezamos por cambiar nuestra actitud con respecto a la participación del otro en el desastre.

Durante años, había tenido conversaciones conmigo mismo con respecto a cuán inadecuada se había convertido Lynne para reconocer *mis* necesidades e identificar mis deseos. En algún momento yo solo hice una votación y determiné, por unanimidad, que nuestra falta de felicidad en el matrimonio era culpa de Lynne. Eso no parecía importar mucho porque ella debió haber hecho la misma votación y haber determinado lo mismo, por unanimidad. Así que con esa perspectiva, Lynne y yo nos volvimos críticos de casi todo lo que el otro hacía o no en nuestro matrimonio.

Sin embargo ahora, porque nuestros amigos necesitaban nuestra ayuda, había llegado el momento de que yo comprendiera que, independientemente de cuán mal yo percibiera nuestro matrimonio, Lynne no era la única responsable del desastre. Yo también era responsable. Me gustaría decir que tuve un éxito inmediato para implementar por completo esta nueva verdad, pero no es así. Digamos que el *deseo* de cambiar mi actitud a menudo excedía mi capacidad de hacerlo.

"Deténgase, déjese caer y ruede"

El único cambio que les gusta a algunas personas es aquel que le devuelven en la venta de un restaurante de comida rápida. Cambiar los hábitos viejos y adoptar nuevas filosofías puede ser difícil, sobre todo cuando usted se siente muy cómodo haciendo justamente lo que necesita ser cambiado. Bueno, esto fue algo que Lynne y yo usamos para vencer nuestra supuesta incapacidad de implementar nuevos cambios. No solo nos funcionó a nosotros sino que ha funcionado a incontables personas a quienes les hemos enseñado con el paso de los años. Cada vez que Lynne y yo sentíamos el deseo de reaccionar de manera negativa o de volver a la antigua y equivocada manera de pensar, sencillamente nos acordábamos de detenernos, dejarnos hacer y rodar. Así es, lo mismo que le enseñaban a usted en la escuela primaria si alguna vez se prendía fuego a su ropa. Esto es lo que queremos decir.

Tener viejos pensamientos, que producían viejas emociones, no causaba la mayoría de nuestros problemas. Pero permitir que esas viejas emociones dirigieran nuestra manera de actuar sin dudas causaba problemas. La Escritura nos dice en 2 Corintios 10:4 que Dios nos ha dado armas que pueden ayudarnos a destruir el pensamiento negativo. Sin embargo, depende de nosotros *detenernos* y llevar cautivos nuestros pensamientos negativos.

Lo segundo en la secuencia, *dejarse caer*, es un símbolo de la oración, lo próximo que debíamos hacer. Independientemente de que usted tenga mucha experiencia con la oración, o si no está seguro de por dónde comenzar, si toma unos segundos para pedirle al Señor que lo ayude, él puede calmarle y desactivar sus emociones negativas.

Tercero, *rodar* le invita a adquirir el hábito de reemplazar los pensamientos y acciones negativos con pensamientos y acciones positivos. Así como rodar y rodar sobre el suelo apaga las llamas que podrían llevar a la muerte, nuestro matrimonio comenzó a cobrar vida cuando dejamos de reaccionar como lo habíamos hecho en el pasado, llevando cautivos nuestros pensamientos negativos con respecto al otro y, con la ayuda de Dios, comenzamos a escoger el suponer que la otra persona estaba actuando y hablando con intenciones positivas. Es interesante que cuando bajamos la marcha para practicar eso, algo nos sucedió: comenzamos a recordar otra vez las cosas que hicieron que nos enamoráramos al principio.

Estudie a su cónyuge

Tuvimos una herramienta que nos ayudó a dar este paso importante. La evaluación que Lynne y yo hicimos confirmó lo que ya sabíamos sobre mí: mi personalidad me lleva a ser un líder enérgico, bastante optimista y convincente. Pero, y no me gustó mucho ver esto en blanco y negro, puedo ser muy efusivo, impulsivo, impaciente, independiente y bastante obstinado.

Y, como ya usted debe imaginar, Lynne es diferente a mí. Su evaluación reveló que ella es en su mayoría cuidadosa, indecisa, cálida, convincente y sociable. Además es predecible, se resiste al cambio, es sistemática y detallista. Cuando dejé de valorar las características que Dios le había dado y comencé a criticarlas como debilidades, ella empezó a hacer lo mismo conmigo. Nuestra relación empezó a ir por una espiritual descendente.

Pero con el tiempo, y con la ayuda de Dios, aprendí a ser bastante bueno en llevar mis pensamientos cautivos y no reaccionar de una manera que hiera a Lynne. Eso fue algo grande para mí. Entonces, cuando empecé a quitar mi enfoque de lo que ella no me estaba dando o haciendo por mí y empecé a reconocer y valorar las cualidades que Dios le había dado, el Señor rápidamente comenzó a devolverle la vida a nuestro matrimonio. Sí teníamos algo bueno que impartirles a James y a Linda, pero si Dios no hubiera respondido las oraciones de Lynne, como creo que lo hizo, estoy seguro de que James y Linda se hubieran divorciado, nuestro matrimonio todavía estaría atascado, e innumerables relaciones todavía estarían dándole a Satanás la oportunidad de destruirlas.

Lynne y yo seguimos estudiándonos el uno al otro.

Tenemos que trabajar cada día en valorar las diferencias del otro. A veces se necesita más esfuerzo e inversión emocional del que queremos dar. Pero estamos aquí para apoyar la verdad de Hebreos 11:6: "En realidad, sin fe es imposible agradar a Dios, ya que cualquiera que se acerca a Dios tiene que creer que él existe y que recompensa a quienes lo buscan".

EL BUEN PLAN DE DIOS

Quizá usted no crea esto hoy pero Dios *sí* quiere lo que es mejor para usted. Sin embargo, para que usted lo experimente necesita fe de su parte para creer que Él lo quiere y luego actuar de manera correspondiente como respuesta a esa fe. Una vez me dijeron: "Usted alimentará aquello que valore, y lo que alimente de manera continua al final le dominará". Una razón por la que hoy nuestro matrimonio es fuerte es porque seguimos valorándonos mutuamente y hacemos esfuerzos conscientes para satisfacer las necesidades mutuas. Pero, lo que tal vez es más importante, nuestro matrimonio es fuerte porque hemos llegado a conocer que el plan de Dios para el matrimonio, expuesto en la Escritura, funciona.

Aunque nos gustaría compartir mucho más de lo que hemos aprendido, recuerde que a menudo su actitud determina su reacción, así que sugerimos que primero examine su actitud.

Además queremos animarle a que recuerde: "deténgase, déjese caer, y ruede". Cuando se activen sus botones emocionales de manera negativa, lleve sus pensamientos cautivos, ore y escoja reaccionar de manera diferente.

Si quiere que algo sea diferente, tiene que hacer algo diferente.

Por último, como nosotros, si usted y su cónyuge se esfuerzan para estudiarse el uno al otro y valorar sus diferencias, estamos seguros de que Dios comenzará a hacer una obra maravillosa en usted y en su matrimonio. A fin de cuentas, él quiere "hacer muchísimo más que todo lo que podamos imaginarnos o pedir, por el poder que obra eficazmente en nosotros" (Efesios 3:20). Sabemos que este es su plan para usted y para su familia. ¡Oramos para que lo haga suyo también!

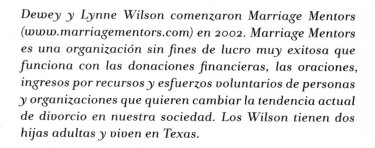

Dewey y Lynne Wilson comenzaron Marriage Mentors (www.marriagementors.com) en 2002. Marriage Mentors es una organización sin fines de lucro muy exitosa que funciona con las donaciones financieras, las oraciones, ingresos por recursos y esfuerzos voluntarios de personas y organizaciones que quieren cambiar la tendencia actual de divorcio en nuestra sociedad. Los Wilson tienen dos hijas adultas y viven en Texas.

9

El arte de ofrecer afirmación

Joni Eareckson Tada

Un domingo en la mañana mi esposo Ken y yo regresamos a casa de la iglesia. Yo pensaba que tendríamos una tarde pausada y sin hacer nada, como era nuestra costumbre. Pero no mucho después de haber entrado a la casa, escuché un ruido en la entrada. Era el sonido familiar que hacía Ken cuando movía nuestros latones de basura. *¿Por qué los está poniendo en la acerca?*, me pregunté. *El camión de la basura no viene hasta mañana por la mañana.*

Salí en la silla para investigar. Ken ya había puesto los tres recipientes enormes, llenos hasta el tope, en la acera. Según como me criaron, nadie pone latones de basura en la calle un domingo en la tarde. Sí, algunos de nuestros vecinos ponen sus latones después de la puesta del sol, ¡pero Ken lo había hecho a pleno sol! Tenía que atrapar a mi esposo antes de que se sacudiera las manos y terminara el trabajo.

—Ken, ¡hoy es domingo! —grité—. Es demasiado temprano para sacar la basura.

—¿Qué tiene que ver? —preguntó él.

—Bueno, para mí sí tiene que ver...y es probable que para los vecinos también—le contesté yo—. Así lo hacía nuestra familia cada domingo.

Él me miró confundido.

—Es la misma razón por la que no ponemos a secar al aire la ropa lavada los domingos—le expliqué.

—Nosotros tenemos secadora, Joni. *Jamás* ponemos la ropa a secar al aire.

Antes de darnos cuenta, nuestra discusión se había convertido en un altercado sin rodeos, lo cual profanaba el domingo mucho más que un par de latones de basura en la acera. Yo me sentía terrible. Lo que había comenzado como un día bello y apacible había degenerado de forma instantánea. Ahora se erigía entre mi esposo y yo una muralla de silencio...y la basura seguía en la acera.

Más tarde ese día, mientras hacíamos las paces, recordamos el mensaje que habíamos escuchado en la iglesia esa misma mañana. Era de Mateo 12:36 donde Jesús advirtió: "Pero yo les digo que en el día del juicio todos tendrán que dar cuenta de toda palabra ociosa que hayan pronunciado". No tengo idea de cómo serán en el cielo el juicio y la misericordia. Aunque a los cristianos se les mostrará gracia, el versículo *sí* subraya la gran importancia que Dios le concede a cada una de nuestras palabras. Me di cuenta de que había mucho más descuido en mi sermón dominical sobre la basura que lo que al principio yo estaba lista para reconocer. Y sin dudas fui descuidada con las cosas que solté durante nuestro altercado.

La "discusión de la basura" (como hemos llegado a decirle) pasó al comienzo de nuestro matrimonio, pero la experiencia y el consejo del sermón de aquel día me enseñaron una lección para toda la vida. Desde aquellos días me he hecho el hábito de vigilar mis palabras. La Escritura dice mucho sobre nuestros cuerpos, pero ninguna parte del cuerpo tiene tanta atención como la lengua. Por ejemplo, Proverbios 18:21 dice: "En la lengua hay poder de vida y muerte; quienes la aman comerán de su fruto". Con nuestras palabras podemos arrancarle la vida a nuestro matrimonio o lo cultivamos, alimentamos y regamos para asegurar que en el futuro tengamos años felices.

*Con nuestras palabras podemos arrancarle
la vida a nuestro matrimonio o lo cultivamos,
alimentamos y regamos para asegurar
que en el futuro tengamos años felices.*

Nosotras las mujeres (y los hombres también) ejercemos un poder increíble cuando hablamos. Ya que soy una persona tetrapléjica, casada con un hombre fuerte y con un cuerpo robusto y sano, he aprendido mucho sobre este poder a lo largo de los años. Quizá no pueda hacerle una tortilla a Ken ni frotarle la espalda, quizá no pueda doblar su ropa ni ir a pescar con él, pero *sí* puedo elevarlo con palabras que den vida, esperanza y ánimo. Puedo aplaudirlo, mostrarle agradecimiento, llenarlo de elogios cuando corresponda y dejar que todo el mundo sepa cuán orgullosa me siento de él. Quizá no pueda sostener su mano pero hace años me propuse ser su *mejor* animadora.

¿QUÉ ES AFIRMACIÓN?

Cuando yo comencé la práctica cotidiana de ofrecer afirmación a mi esposo, tuve cuidado de no hacerlo con puros halagos por cosas superficiales. Cuando hablo de afirmación no me refiero a zalamerías para salirme con la mía ni ofrecer esas frases muy bien cronometradas que manipulan. Cuando hablo de afirmación me refiero a decir palabras sinceras que lo fortalezcan.[1]

El otro día lo vi llevar un periódico a la puerta de nuestro vecino quien hace poco tuvo una cirugía. Cuando regresó le dije enseguida: "Ken, *gracias* por hacer eso. Mostraste verdadera consideración". ¿Cómo lo estaba fortaleciendo? Al elogiarlo por las cualidades piadosas del carácter que constituyen la consideración y la bondad.

He aquí otro ejemplo. Con los años he visto que Ken siempre está presto a invitar a las personas a orar en grupo. Muchas veces después de una cena con amigos le he dicho: "Ken, me alegra tanto que seas un hombre de oración. Que Dios te bendiga por dar el ejemplo al cierre de la cena e invitar a las personas a orar. ¡Bien hecho!". Nunca he visto a un hombre responder tan cálidamente a palabras alentadoras.

Incluso si lo bueno que usted ve en su cónyuge ahora mismo parece extremadamente pequeño, cultívelo con sus palabras como lo haría con una pequeña semilla en un terreno no fértil.

Usted bendice a su esposo o esposa cuando declara lo bueno que ve en su vida. Cuando usted ratifica el buen carácter de alguien con sus palabras, no puede evitar el fortalecer más el carácter: bondad, generosidad, paciencia, veracidad, compasión y pureza moral. Incluso si lo bueno que usted ve en su cónyuge ahora mismo parece extremadamente pequeño, cultívelo con sus palabras como lo haría con una pequeña semilla en un terreno no fértil.

En el verano de 2011 pasé por una batalla contra el cáncer de mama, o debiera decir que mi esposo y yo la pasamos juntos. Yo no estaba sola. En cada visita al médico, al hospital, tomografía y análisis de sangre, durante la segunda y la tercera opinión, Ken fue mi defensor más fuerte. Y en mis momentos de mayor debilidad cuando sentía que los estragos de la quimioterapia me abrumaban, él me animaba con palabras de afirmación: "Joni, estoy realmente impresionado con tu valor…con tu dolor crónico y tu tetraplejia, y ahora el cáncer. ¡Nunca he visto a nadie enfrentar el tratamiento para el cáncer con tanto valor!". Sus palabras derramaban más valor en mi corazón. Más todavía, me señalaban a la fuente de ese valor: Cristo mismo. (El autor y educador Sam Crabtree tiene más que decir sobre esto en su excelente libro titulado *Practicing Affirmation*.)

Primera a los Corintios 14:12 dice: "Por eso ustedes, ya que tanto ambicionan dones espirituales, procuren que éstos abunden para la edificación de la iglesia". Las palabras de afirmación son para un matrimonio como el abono para su cantero. ¡Las cosas buenas *tienen* que florecer! La mayoría de nosotros sabemos que lo mejor es no hablar mal de los demás, y ese principio es todavía más importante en el matrimonio donde las palabras se ven con una lupa. Las palabras que señalan una característica de Cristo en su cónyuge fomentan la confianza y la seguridad, y la Biblia nos dice que sobresalgamos en el arte de edificar a los que amamos (1 Corintios 14:12).

Además, afirmar características de Cristo le da una posición sólida desde la cual usted puede hacer críticas honestas. Durante mi batalla de doce meses contra el cáncer, mi confianza y seguridad en mi esposo crecieron enormemente, y ahora, cuando él me hace alguna crítica o me corrige, yo escucho. Él se ha ganado el derecho a ser escuchado. Sus palabras alentadoras le dan una plataforma desde la cual puede decir cosas que hubieran dañado nuestra relación al comienzo de nuestro matrimonio.

Nadie confía en una persona que constantemente reparte desaprobación y denigración. Pero si usted ha derramado verdadero aliento cristiano en su cónyuge, la fe de él o ella en usted crece. Su cónyuge ve que usted está realmente interesado, que trata de ver lo mejor en él o ella.

¿CUÁLES SON ALGUNAS MANERAS EFICACES DE BENDECIR A SU PAREJA?

Cuando su esposo esté trabajando en varios proyectos en la casa, elógielo por el buen trabajo que ha hecho en una tarea antes de que pase a la otra. Digamos por ejemplo: "Me gusta la manera en que prestas atención a los detalles.

¡La base que le pones a la pared antes de pintar hizo que el producto final luzca mucho mejor!"

Explique a su esposa que su ejemplo le inspiró a hacer algo bueno con la familia, en la casa o en el vecindario. Por ejemplo, dígale: "Decidí comprarles a los niños tarjetas de regalo para tomar helado porque veo cuánto ellos aprecian cuando *tú* haces cosas extra así".

Préstele a su cónyuge algo de valor. Cuando usted pone en manos de otra persona un tesoro personal, es una señal para esa persona que usted reconoce buenos rasgos de carácter que aumentan la confianza que usted tiene en su fiabilidad.

Escriba una nota de ánimo y escóndala en la cartera de su esposa o mándela a la oficina de su esposo. En ella afirme algunas virtudes cristianas que usted vea en su esposo, virtudes que sus palabras fortalecerán.

Así que piense en maneras específicas en que puede sobresalir para fortalecer hoy a su esposo o esposa.

¡Qué poder tan vivificador puede encontrarse en una palabra de ánimo! Así que piense en maneras específicas en que puede sobresalir para fortalecer hoy a su esposo o esposa, sobre todo si él o ella está luchando con un problema de salud, o en el trabajo, o lidiando con el dolor. Proverbios 12:25 dice: "La angustia abate el corazón del hombre, pero una palabra amable lo alegra".

Amigo o amiga, sus palabras buenas pueden alegrar

hoy los corazones de las personas más importantes de su vida. Sus palabras no solo tocan el espíritu sino que también pueden en realidad *cambiar* el rostro de la persona. (Sin embargo, puede que sus palabras de afirmación no le hagan cambiar de opinión en cuanto a sacar la basura... pero está bien. No se pueden dar todas las batallas.) Así que, ya sea que envíe un correo electrónico, se lo diga a su cónyuge en persona, escriba una carta, hable por teléfono o escriba una nota rápida, recuerde que lo que usted diga hoy tiene la capacidad de transformar el rostro y el carácter de la persona más importante de su vida.

Joni Eareckson Tada y su equipo de Joni and Friends International Disability Center se dedican a compartir el amor de Cristo con familias con necesidades especiales del mundo entero. Joni y su esposo Ken viven en Agoura Hills, California, y "¡me encanta cuando Ken, un pescador con mosca de altura, engancha la trucha grande!", dice ella airosamente.

10

Pregunte a parejas mayores qué les ha resultado

Bill y Pam Farrel

Cuando nos casamos sabíamos que amábamos a Dios y que nos amábamos el uno al otro, pero teníamos muchas más preguntas que respuestas en cuanto a un matrimonio exitoso. Ninguno de los dos quería que nuestro matrimonio fuera como el de nuestros padres, así que buscamos consejo.

Solíamos quedarnos en pie en la parte de atrás de la iglesia hasta que la mayoría de las personas se sentaban. Entonces buscamos parejas que parecieran llevar años de casados pero que todavía se gustaban. Una pareja que estuviera riéndose o teniendo algún contacto físico afectivo nos atraía enseguida. Nos sentábamos detrás de una pareja así y, durante el tiempo de los saludos yo (Bill) miraba al esposo y le preguntaba: "Ustedes dos parecen estar enamorados. ¿De verdad es así?".

Siempre la pareja se miraban el uno al otro y decían: "Sí lo es". Entonces lo les preguntaba: "¿Cómo lo lograron?". La respuesta usual era: "Ahora mismo no teneos tiempo para hablar de eso pero si quieren ir a almorzar después del servicio, podemos conversarlo".

Esto nos resultó útil por dos razones. Primero, éramos un matrimonio joven con un presupuesto apretado, ¡así que era maravilloso que nos invitaran a almorzar! Sin embargo, lo más importante era que recibíamos consejo real de gente real. Estas parejas sabían más de lo que pensaban al compartir con nosotros con las perspectivas prácticas que habían adquirido con los años.

Lo que viene a continuación es parte de los mejores consejos que recibimos de estas parejas.

LAS MUJERES FOMENTAN LA CONFIANZA AL RELACIONARSE

A mí (Bill) me asombra siempre la necesidad que Pam tiene de relacionarse verbalmente. A veces sus conversaciones tienen un punto clave y otras son como caminatas sin rumbo en el vecindario, pero tienen igual importancia para ella. No puedo saber por el tono de su voz si está enfrentando un problema que necesita resolver o si me está hablando de los competidores de un *reality show* en la televisión porque ella puede mostrar el mismo nivel de entusiasmo en ambos casos. Cuando me vi animado a escuchar con curiosidad descubrí una manera poderosa de ayudarla a sentirse valorada y eso hace que nuestra relación funcione sin problemas.

— ❧ —

Cuando me vi animado a escuchar con curiosidad descubrí una manera poderosa de ayudar a mi esposa a sentirse valorada.

Cuando descuido esta necesidad parece como si cada conversación fuera un punto de partida para la próxima discusión. Desde mi perspectiva masculina, quisiera que el matrimonio fuera más eficaz pero así no funciona. Si quiero que mi esposa confíe en mí, necesito ayudar a desarrollar la capacidad de sentirme intrigado con sus conversaciones.

LOS HOMBRES FOMENTAN LA CONFIANZA MEDIANTE EL ÉXITO

Así como yo (Pam) necesito ser escuchada, es igualmente importante para Bill sentirse capaz y fuerte. Al principio esa cualidad era como un rompecabezas para mí porque yo estoy muy consciente de mis propias fallas. Siempre he vivido con este lema: "Es mejor señalarme yo misma los defectos antes de que otra persona lo haga. Así podemos reírnos más de ellos". Supuse que probablemente Bill tuviera la misma actitud, aunque uno de nuestros mentores en los almuerzos me dijo que nunca avergonzara en público de manera deliberada a mi esposo.

Mi primer contacto con la necesidad de Bill de sentirse exitoso ocurrió al principio de nuestra relación. Estábamos bailando románticamente en una reunión de amigos. Bill me inclinó en un crescendo final y luego me dejó caer al suelo y empezó a alejarse. Susurró: "Se me rasgaron los pantalones".

Lo dijo tan bajito que le pregunté: "¿Qué dijiste?".

Él repitió: "Se me rasgaron los pantalones. Tenemos que irnos".

Bueno, a mí me resultó gracioso así que le di la vuelta y grité a todos los que estaban en la habitación: "¡Miren! ¡Bill se acaba de rasgar los pantalones!". Yo me reía y todos los demás también se reían. Bill, sin embargo, hizo algo muy diferente. Él se enojó mucho y se quedó callado. Muy enojado y muy callado.

En ese momento me di cuenta de la sabiduría del consejo que me habían dado y cuán importante es que le preste atención. Cuando ayudo a Bill a sentirse exitoso en una conversación, en su profesión, en nuestro romance, al hacer el amor y en nuestras decisiones, su sentido de bienestar se eleva y es fácil vivir con él. Cuando ignoro esa necesidad y me vuelvo demasiado criticona, él se vuelve callado y poco cooperativo. Tengo que recordarme que mi tarea es animar a Bill y la de Dios es cambiarlo.

Nos sirvió de consuelo cuando nos dijeron
que es de esperarse tener tales conflictos.

EL CONFLICTO ES NORMAL EN LAS PAREJAS AMOROSAS

Ambos crecimos en hogares con mucha gritería y discusiones destructivas. Cuando nos casamos decidimos que no discutiríamos mucho porque estábamos profundamente enamorados y comprometidos a tener una comunicación abierta, honesta y directa. Bueno, resulta que somos bastante normales: hemos tenido algunos desacuerdos bastante intensos. Nos sirvió de consuelo cuando nos dijeron que es de esperarse tener tales conflictos. De hecho, existen varias razones por las que las parejas saludables y amorosas discuten:

Discutimos porque tenemos intimidad

Nadie me conoce (Bill) como Pam. Ella pasa más tiempo conmigo, gasta más dinero conmigo y hace más esfuerzos tratando de entenderme que ninguna otra persona que yo conozca. Por lo tanto, ella me anima mucho, y sabe dónde están los puntos candentes de mi alma. Si tengo temor, ella lo capta. Si tengo una reacción inmadura, ella lo nota. Cuando comenta sobre lo bueno que ve en mí, yo la elogio. Pero cuando encuentra las heridas, quiero alejarla y es entonces cuando empiezan las discusiones.

Del mismo modo, nadie me conoce (Pam) como Bill, y su opinión llega directo a mi corazón, para bien o para mal, más rápido que la de ninguna otra persona.

Discutimos porque no estamos de acuerdo

Los dos somos adultos fuertes, inteligentes y obstinados. Sabemos lo que nos gusta, lo que queremos, y lo que creemos que es verdad. Cuando estamos de acuerdo, es poco menos que increíble. Cuando tenemos un desacuerdo, ambos solemos ser tercos acerca de nuestra posición.

Nuestra discusión más larga se prolongó durante un año. No estábamos de acuerdo en cuánto tiempo Pam debía invertir en su educación y ministerio mientras nuestros hijos fueran pequeños, y nos fue difícil pasar de nuestras posiciones a un punto medio en que estuviéramos de acuerdo. Hablábamos durante largo rato, se nos acababa el tiempo, orábamos el uno por el otro y volvíamos a programar el debate. La oración y el volver a programarlo aumentaban nuestro compromiso con el otro mientras luchábamos con un problema que no podíamos resolver. Finalmente nos pusimos de acuerdo con un horario, y yo (Bill) adopté una actitud hacia el ímpetu de Pam que me ayudó a verlo como saludable para nuestra familia.

Discutimos porque nos amamos

Esta perspectiva fue la más reveladora para nosotros, y tiene sentido. Porque nos amamos, nadie tiene la misma influencia en nosotros que la que tenemos el uno en el otro. Es por eso que una mirada rápida puede cambiar completamente la atmósfera de nuestro hogar. Un simple murmullo puede arruinar un día que de otro modo hubiera sido bueno, mientras que un piropo puede rescatar un día monótono y aburrido. El lenguaje corporal de Pam y el tono de su voz son como el agua para mí (Bill): Yo floto en el dinamismo que proporcionan o me ahogo en el torrente de dolor y hasta ira subsiguientes.

Del mismo modo las palabras de Bill son como comida gourmet para mí (Pam). Sus palabras cariñosas me llenan como un enorme buffet, pero cuando me trata con silencio siento como si me muriera de hambre. Nadie en la tierra tiene este efecto en nosotros. Nos amamos mucho así que todo lo que hacemos o decimos tiene un impacto profundo en el otro. De ahí que nuestro amor por el otro de lugar a una "profunda comunión".

— ❧ —

Las parejas no dejan de amarse.
Dejan de perdonarse.

Perdone rápido

Se nos dijo con mucho énfasis que el matrimonio es una relación de dos personas imperfectas que necesitan perdonarse mutuamente con frecuencia. Una pareja incluso dijo: "Las parejas no dejan de amarse. Dejan de perdonarse". Un ejemplo claro: cuando yo (Bill) perdí cinco mil dólares de la herencia de Pam en una mala inversión, me alegró mucho que ambos hubiéramos sido desafiados a aprender el arte del perdón.

TRES ES MEJOR QUE DOS

Al principio de nuestro matrimonio, creíamos que teníamos suficiente amor e inteligencia como para tener una relación sólida por nuestras propias fuerzas. Con el tiempo, sin embargo, nos hemos aferrado al consejo de que Jesús es el mejor apoyo que nuestra relación podría tener. Los momentos más memorables de nuestra vida juntos han sido esos momentos en que uno de nosotros tuvo una idea que sabíamos era un don del Espíritu Santo. Yo (Bill), por ejemplo, nunca olvidaré el día en que Pam me dio una lista de los lugares en que hemos hecho el amor mientras yo caminaba hacia el frente de la iglesia para predicar. Yo pensé que me estaba dando un aviso a para leer a la congregación. No, ella solo estaba coqueteando con el pastor.

Yo (Pam) nunca olvidaré la vez que Bill corría por nuestra casa para recoger su maletín. No podía quedarse mucho tiempo pero se detuvo para decir: "Pam, me gustaría ser rico para quedarme en casa y amarte todo el día, pero me tengo que ir". Ninguno de nosotros es lo suficientemente inteligente como para llegar a ese tipo de ideas por cuenta propia, y estamos muy agradecidos de que el Espíritu Santo nos conceda momentos maravillosos.

IMPACTO ETERNO

Las parejas que nos invitaron a almorzar en esos primeros tiempos de nuestro matrimonio no se dieron cuenta de que estaban siendo nuestros mentores, pero nuestras vidas cambiaron para siempre porque nos alimentaron. La sabiduría que compartieron fueron semillas para pensar que con el tiempo se convirtieron en libros como *Los hombres son como waffles, las mujeres como espaguetis* y *Red-Hot Monogamy*. Esos libros están ayudando a miles de parejas en todo el mundo.

Si usted es nuevo en el matrimonio, buscar la sabiduría de los que tienen años de experiencia gozosa en su haber. Y si por la gracia de Dios ha encontrado algo que funciona bien para su matrimonio, invite a una joven pareja a almorzar. Nunca se sabe dónde el pequeño consejo sobre el matrimonio que usted plante podrá convertirse en esperanza y dirección que salven a ese matrimonio.

———————— ❧ ————————

Bill y Pam Farrel son especialistas internacionales en relaciones. Han escrito más de 35 libros, entre ellos Los hombres son como waffles, las mujeres como espaguetis *y* The 10 Best Decisions Every Parent Can Make. *Pam es coautora de* Raising a Modern-Day Princess, Becoming a Modern-Day Princess *y* LOL with God. *En su sitio web están disponible más recursos para el matrimonio y la familia: www.Love-Wise.com.*

10

Once palabras que nos han ayudado a permanecer casados

Bob Waliszewski

"Nunca amenace a su cónyuge con el divorcio[1] o la separación".[2]

Sin lugar a dudas, estas once palabras encierran el mejor consejo matrimonial que me hayan dado jamás. Aunque me gustaría dar el crédito correspondiente, sencillamente no puedo recordar dónde lo escuché. Pero puedo hablar del impacto que estas palabras sabias han tenido en Leesa y en mí.

Leesa y yo debatimos este principio intencionalmente antes de casarnos. En ese momento de nuestra relación (cuando todo era rosas, cascadas y mariposas), es probable que pareciera innecesario, como si estuviéramos manejando cómo tratar con los posibles escollos de vivir en la Casa Blanca. No obstante, estuvimos de acuerdo en que *nunca*, *jamás* en cualquier situación recurriríamos a decir cosas como estas:

1. Si no te gusta, vete.

2. Nunca me escuchas. Nunca ves las cosas a mi manera. Ya no aguanto más. ¡Me largo!

3. Déjame decírtelo de otra manera: o cambias o dejo esta relación. No voy a discutir más contigo por esto. Tú decides. ¿Quieres que me quede o no?

4. Me has irritado al punto que ya no tiene arreglo. Aunque dije que nunca amenazaría con el divorcio, no podía imaginarme que serías así. ¡Tengo que proteger mi propia cordura!

5. Sé que la Biblia dice que la infidelidad es el único motivo para el divorcio. Sin embargo, estoy seguro de que el Señor entendería si yo te dejara por el hecho de que tú siempre (llene el espacio en blanco con cosas como "me estás molestando", "te quejas de la manera en que hago las cosas", "me faltas el respeto", etc.).

FALSAS EXPECTATIVAS

Al mirar atrás, a nuestros 33 años juntos, nuestras peleas han sido un poco raras. Sin embargo, tristemente, muchas han sido únicas, provocadas por cosas súper tontas. Para nosotros estas explosiones a menudo están ligadas a falsas expectativas o a las maneras diferentes en que vemos o manejamos las cosas.

Como ejemplo de falsas expectativas, voy a sacar algunos de mis "trapos sucios". Soy corredor y solía entrenar para participar en maratones. Aunque podía manejar las carreras de entrenamiento de diez y doce millas, una vez que llegaba al rango de las 15, 18 y 20 millas, mi cuerpo estaba destruido. Lo único que quería hacer luego de correr las millas era quedarme tirado en el sofá.

Mientras tanto, Leesa esperaba que yo fuera parte de la familia y saliera a montar bicicleta o de excursión. No era que me negaba a hacer esas cosas sino que a menudo yo era muy egocéntrico. Tenía varios motivos para justificar mi holgazanería. A fin de cuentas, acababa de pasar de dos a tres horas corriendo. Pero Leesa tenía razón: yo tenía niños en casa que necesitaban mi atención. La vida no debía girar a mi alrededor. Sin embargo, durante esa época, a menudo yo no veía la situación de manera tan racional como la veo ahora. Mi expectativa era sencilla: Necesito descansar. La expectativa de Leesa también era sencilla: yo necesitaba unirme a la familia. Estas expectativas insatisfechas se mezclaban como el agua y el aceite.

PUNTOS DE VISTA DIFERENTES

Además de tener expectativas que a veces entraban en conflicto, Leesa y yo a menudo veíamos las cosas de manera diferente. Decir eso de una pareja casada es como decir que el cielo es azul. *Todos* tenemos momentos en que vemos las cosas diferentes. Leesa y yo tenemos una versión del famoso dilema por la manera de apretar el tubo de pasta dental, pero el nuestro es con el agua embotellada.

Esto es lo que pasa: Yo tengo una regla de que el agua debiera ser, en su mayoría, gratis. Tomo agua de la llave que, donde yo vivo en Colorado, es limpia y sabe bien. Dicho esto, no tengo problemas con comprar de vez en cuando una caja de agua embotellada, pero una vez que la compramos, uso esas botellas con moderación debido a su costo. Una vez que abro una botella de agua, no puedo derrochar el contenido. Además, tengo que tomármela toda a partir de los 30 minutos de que le quité la tapa plástica.

Leesa, por otro lado, no tiene problema con dejar media docena de botellas de agua en su auto, todas con diversas cantidades del líquido. Ella cree que tomar agua es tan saludable que el simple acto de consumir cualquier molécula de agua está por encima del costo de las botellas. Lo que es más, ella no toma en los bebederos públicos debido al problema de los gérmenes. Y tampoco le gusta mucho tomar agua "vieja". Para ella, si bota un montón de botellas de agua sin acabar en la basura, todavía fue un dinero bien gastado.

Con el tiempo hemos llegado a comprender que nunca estaremos de acuerdo en el problema del agua embotellada. *Y está bien.* Yo seguiré tomándome la muy ocasional botella de agua en media hora. Me morderé la lengua cuando suba a su auto y tenga que quitar cuatro o cinto botellas a medias para poder sentarme. (Está bien, lo reconozco: ¡eso todavía me resulta difícil!) Pero he llegado a entender ¡que no vale la pena discutir por botellas de agua!

Estoy seguro de que usted y su cónyuge chocan por cosas "pequeñas" también. Tenga en cuenta que todas las parejas que se quieren tienen desacuerdos. Y, de vez en cuando, todas las parejas comprometidas tienen que lidiar con explosiones por cosas inusuales y sin importancia. Pero lo que conduce a la sanidad o a las secuelas irreparables es la manera en que nos comportemos en medio de la batalla.

EL BOTÓN MATRIMONIAL PROGRAMADO

Cuando estamos enojados y nos sentimos heridos y que no se nos respeta, no es momento para que tratemos de establecer límites inconmovibles para que nos guíen en la tormenta. Necesitamos saber dónde están esos límites con anterioridad. Es por eso que Leesa y yo establecimos nuestros límites antes de casarnos, *programamos* esos límites, que no añadiríamos leña al fuego de nuestra ira al sumar la palabra *divorcio* a nuestra mezcla verbal. Además acordamos que no nos iríamos en medio de una pelea.

Ahora bien, déjeme definir *irnos*. Está bien que dos cónyuges contenciosos se tomen un receso y se den espacio el uno al otro. Puede que encuentren ese espacio en su propia casa, pero a veces puede que uno quiera salir a caminar para controlar sus emociones y regresar más tarde para solucionar el problema. Ese tipo de espacio es lo suficientemente saludable pero Leesa y yo nunca nos hemos permitido ir corriendo a casa de nuestros padres, ni a un hotel ni a buscar un amigo o amiga que tenga un oído compasivo.

Aunque han sido autoimpuestos, esos límites son difíciles de cumplir en momentos de ira y dolor cuando los sentimientos de traición y falta de respeto dominan. En esas ocasiones queremos buscar a alguien que se ponga de nuestra parte, que nos haga sentir que tenemos la razón y que nuestro cónyuge estaba equivocado. Pero encontrar a alguien que se ponga de nuestra parte no nos acerca más a la reconciliación y la sanidad en nuestra relación. De hecho, lo más probable es que nos aleje más de reconciliarnos y nos mantenga más tiempo separados.

LO QUE NOS FUNCIONÓ A NOSOTROS

Así es como Leesa y yo hemos resuelto nuestras discusiones de una manera exitosa. Ya que está claro que estuvimos y estamos comprometidos a nunca divorciarnos, jamás hemos usado eso como una amenaza. Y eso solo nos deja una opción: *resolver nuestros problemas.* Antes de casarnos prometidos que no usaríamos la amenaza del divorcio o la separación* como un arma, y hemos sido fieles a eso.

En momentos de enojo a mí me resulta muy reconfortante saber, incluso en medio de la tormenta, que puedo contar con que Leesa se quedará a mi lado. Y yo sé que ella piensa lo mismo. Es verdad, a veces está convencida de que se casó con el mayor idiota del planeta, pero también sabe que ese idiota con que se casó estará junto a ella en la mañana, y al otro día, y la próxima semana, y la próxima década.

Estoy convencido de que las relaciones que no tienen el verdadero espíritu de "hasta que la muerte nos separe" son relaciones inestables. ¿Quién sabe cuántas parejas se han separado simplemente porque uno de los cónyuges quiso tomarle la delantera al otro en el golpe final de recoger las maletas y marcharse?

Pero solo porque Leesa y yo hemos establecido el límite en nuestras vidas de "no amenazar con el divorcio" no significa que no hayamos pensado en eso alguna que otra vez. Tampoco significa que no me he sentido tentado a ignorar este límite y de todos modos amenazar con el divorcio. Sé que le ha pasado a Leesa también. Pero hemos resistido, no hemos hecho lo que sabemos que es un error y así soltar a nuestro cónyuge esas palabras amenazadoras. Eliminar el divorcio de nuestras opciones ayuda a simplificar el proceso de sanidad lo cual no quiere decir que lo haga fácil. Solo más fácil.

— ❧ —

Eliminar el divorcio de nuestras opciones ayuda a simplificar el proceso de sanidad lo cual no quiere decir que lo haga fácil. Solo más fácil.

EL SEÑOR PERFECTO NO SIEMPRE TIENE LA RAZÓN

Como muchos hombres cuando discuten, tiendo a pensar que siempre tengo la razón. Creo que si vuelvo a plantear mi punto de vista, si lo digo en un tono más alto, si entorno los ojos de la manera correcta o si señalo las falacias de la opinión de Leesa en cuanto a la situación, le ganaré. Entonces la paz volverá a reinar otra vez en nuestro hogar. Por supuesto, nunca funciona de esa manera, pero cuando se producen escaramuzas esas son mis alternativas. Reconozco que mis tendencias naturales son lo suficientemente malas, pero imagine cuánto más malo sería si una de mis armas verbales para intimidar a Leesa fuera la amenaza de dejarla.

No obstante, de vez en cuando, tengo la razón. Puedo impedir lo que pudo haber sido una pelea acalorada al hacer lo siguiente:

1. Escuchar, escuchar *de verdad*, el punto de vista de Leesa.

2. Repetir lo que ella dijo usando palabras como por ejemplo: "Lo que entiendo que estás diciendo es _____".

3. Preguntar a Leesa qué opina ella que resolvería el conflicto.

4. Negarme a mí mismo por amor a nuestro matrimonio y mostrar verdadera humildad al retractarme. (Sí, ¡eso es muy difícil de hacer!)

5. Pedir disculpas, no por tener una opinión sino por la manera en que me comporté.

6. No llevar cuentas de quién hizo qué, quién cedió y quién hizo el esfuerzo para reconciliarnos. En todo caso, las situaciones se solucionan mucho mejor a la larga cuando me apresuro a ser la primera persona que arregle las cosas.

7. Evitar un tratamiento de silencio. Si necesito tiempo para calmarme, lo hago con una explicación completa. ("Cariño, voy a caminar un poco por el barrio para aclarar mi mente y pensar mejor en lo que hemos estado discutiendo. Regreso en media hora".)

8. No usar las palabras *siempre* ni *nunca*, y no decir cosas humillantes durante una pelea ("*Nunca* les dices nada bueno sobre mí a tus padres". "*Siempre* actúas con tanta inmadurez cuando andas con tus amigos de la secundaria". "Yo hago todo lo de los niños porque eres un egoísta, egocéntrico que *nunca* piensa en más nadie que en sí mismo". Una manera mejor de expresar lo anterior sería:

"Ayúdame a entender por qué no recogiste a Billy en la escuela hoy y qué piensas hacer para que no suceda otra vez. Sé que te importan nuestros hijos pero ambos sabemos que no podemos permitir que el director de la escuela tenga que llamarnos de nuevo".)

9. En ocasiones lo mejor que una pareja puede hacer cuando están peleando es salir adonde haya otras personas. Usted verá que no alza la voz y su conducta será más civilizada y semejante a Cristo.

HASTA QUE LA MUERTE NOS SEPARE

Leesa y yo somos personas que, aunque muy comprometidas y enamoradas el uno del otro, vemos la vida, las personas, las situaciones y las oportunidades de manera diferente.

Lo mayor parte del tiempo tratamos nuestros desacuerdos de manera bastante civilizada y respetuosa. A veces nos toma un tiempo llegar a un acuerdo, pero lo logramos. De vez en cuando erramos y ambos nos ponemos bastante molestos, y por un instante vemos a la persona con quien nos casamos como un gran tonto.

Ya que el divorcio no constituye una opción, es bueno saber que dejaremos atrás esa imagen falaz. Sabemos que en lugar de amenazar con quitarnos los anillos de compromiso, trabajaremos para de manera respetuosa y amorosa resolver nuestros desacuerdos.

Ya sea que usted esté comenzando esta jornada a la que llamamos matrimonio, o que lleve 60 años de casado, nunca es demasiado tarde para implementar estas once palabras importantes: "Nunca amenace a su cónyuge con el divorcio o la separación".

En los años que han pasado desde que hicimos nuestros votos hemos tenido altas y bajas. Hemos tenido desacuerdos. Hemos tenido explosiones, pero al mirar atrás y luego adelante, cuando hicimos nuestros votos los hicimos en serio y lo hacemos todavía hoy: estamos en esto "hasta que la muerte nos separe".

1. Leesa y yo estamos de acuerdo con la posición que sostiene Enfoque a la Familia con respecto al divorcio, el noviazgo y volver a casarse: Enfoque sostiene que el divorcio y el volverse a casar están justificados bíblicamente en tres casos: inmoralidad sexual sin arrepentimiento, abandono permanente de parte de un cónyuge que no cree, o cuando el divorcio ocurrió anterior a la salvación. Al tratar el tema del noviazgo y un posible segundo matrimonio, debemos buscar la dirección de las Escrituras y animar a las personas en esa situación a buscar el consejo de su pastor o un consejero cristiano.

2. Creemos que la separación es necesaria en caso de abuso físico. Si en su matrimonio hay abuso físico, la primera preocupación es su seguridad. Si usted está sufriendo abuso o amenazas de abuso, busque un lugar seguro. No se quede en una situación donde es muy probable que vuelva a ser dañado/a. Póngase en contacto con la línea directa para abusos o con la policía. Aunque usted pueda pensar que lo que está sucediendo está justificado y que no tiene opciones, no crea esas mentiras. El abuso físico nunca está justificado ni es normal, y siempre existen opciones y personas que pueden ayudarle.

Bob Waliszewski es padre y expastor de jóvenes. También es el directo de Plugged In® Online, un sitio que recibe un millón de visitas al mes por parte de personas que buscan información detallada y confiable sobre el mundo del entretenimiento en la actualidad. Tiene dos hijos adultos. Bob y Leesa viven en Colorado.

12

Crezcan como pareja y como personas

Frank Pastore

En los años 1990 mi esposa Gina y yo decidimos ser parte del personal de Cruzada Estudiantil y Profesional para Cristo (ahora bajo el nombre de Cru en los Estados Unidos). Nosotros pensamos: *Está bien, entre los dos es probable que hagamos de 30 a 40 mil dólares al año, y solo nos dedicaremos al ministerio.* Entonces descubrimos que teníamos que recaudar fondos para nuestro sustento. ¡No teníamos idea de que tendríamos que hacerlo! Antes de eso yo había sido lanzador para las grandes ligas de béisbol, y ganaba un buen salario. Ahora teníamos que acercarnos a otras parejas y decirles: "¿Nos darían apoyo financiero de 50 dólares al mes?".

Esa era una experiencia rara y que nos daba una gran lección de humildad. Pero nos las arreglamos para recaudar algunos fondos y me invitaron a reunirnos con el Dr. Bill Bright en Arrowhead Springs, San Bernardino, California, donde antes estaban las oficinas centrales de Cruzada antes de mudarse a Florida.

SOLO SE TRATA DE MÍ

El Dr. Bright pidió explícitamente que Gina estuviera también. En mi cabeza la cosa era así: *Voy a reunirme con el Dr. Bill Bright, y voy a ser parte del personal de Cruzada Estudiantil y Profesional para Cristo, y Dios me está llamando al ministerio, y, ah verdad, Gina también viene.* Tan arrogante y centrado en mí mismo que era increíble. Mi actitud era *voy a ser tan espiritual y ser parte del equipo.* Así pasa a menudo con un hombre que conoce a Cristo primero que su esposa, un hombre que piensa que es muy inteligente.

Bueno, Gina y yo llegamos a las oficinas en Arrowhead Springs. Ya que ellos todavía estaban decidiendo si me iban a tomar como parte de su equipo, yo estaba muy preparado para darle al Dr. Bright una expresión así: "Miré qué inteligente y espiritual soy". Por supuesto, ahora en retrospectiva me doy cuenta de que no tenía idea de lo que estaba pasando y me llevaría una gran sorpresa.

Después de pasarnos minutos en la sala de espera, la recepcionista dijo: "El Dr. Bright le recibirá ahora" y nos hizo pasar a la oficina. Intercambiamos cumplidos: "Hola, Dr. Bright. Encantado de conocerle. Esta es mi esposa, Gina", etc. En unos instantes, tres minutos como máximo, se terminaron los cumplidos. Ahora era tiempo de hablar.

EN PREPARACIÓN PARA
EL LANZAMIENTO

Yo estaba listo para contarle al Dr. Bright de los libros que había leído y cómo el Señor me estaba guiando y todas esas cosas seudoespirituales. Estaba impaciente por impresionarlo. Pero mientras me preparaba para el lanzamiento, él de una manera muy cortés y elegante alzó la mano como para decir: "No, espere un momento". Entonces se volvió por completo a Gina y conversó con ella durante media hora. ¡Yo apenas pude decir unas palabras! Estaba claro que él solo estaba conversando con Gina y lo primero que me pasó por la mente fue: *Ah, él no sabe si ella puede dar la talla. Le preocupa que no esté lista para el ministerio.*

El Dr. Bright le hizo a Gina todas las preguntas como: "¿Cómo están sus hijos?" y "¿Cómo fue tu niñez?", "¿Cuándo conociste al Señor?" y esas cosas. Entonces, después de solo 35 minutos, ya él había escuchado suficiente, y la reunión terminó.

La frase que yo usaría para describir al Dr. Bright sería *humildad retumbante.* Él era una persona maravillosa, pero en aquel momento yo no lo entendía. De hecho me fui pensando: *¡No tuve oportunidad de hacer nada!* Yo me había preparado como un loco. Tenía un montón de notas. Iba a darle tremenda impresión. No tenía idea de lo que había sucedido, y me preguntaba por qué fue así, por qué él había hablado con mi esposa y no conmigo. No quería decirle a Gina: "Bueno, es evidente que fue porque él no cree que eres lo suficientemente espiritual como para ser parte del equipo de Cruzada".

ME LLEVÉ EL CASTIGO MERECIDO

Poco después de la reunión con el Dr. Bright llamé a Wendel Deyo, director nacional de Athletes in Action. Él fue el hombre que me llevó al Señor y quería contarle cómo había ido la reunión. Mientras conversaba con Wendel por teléfono, él dijo: "No, iba mucho más allá de eso. No, no tenía nada que ver con si Gina estaba preparada o no. La historia va mucho más allá, pero te lo cuento cuando llegues".

Cuando me reuní con Wendel, de hombre a hombre, él con mucha amabilidad me reprendió severamente y básicamente dijo: "Aunque estaba hablando con Gina, el asunto era contigo porque la medida del ministerio de un hombre está en cómo trata a su esposa y a sus hijos. Los hombres pueden engañar a los hombres constantemente porque creemos que se trata de lo de afuera y de nuestro desempeño. Pero no es así. La medida del ministerio de un hombre está en la salud espiritual de su esposa y sus hijos". Aquella perspectiva, aquel consejo implícito, comenzó a moldear mi vida, para bien.

Esa fue una lección importante de humildad, y que desde entonces ha demostrado ser verdad. Y aunque no tuve la oportunidad de asombrar al Dr. Bright, sí nos invitaron a ser parte del equipo de Cruzada. Servimos allí durante dos años hasta que me fui al seminario, a la facultad de Teología de Talbot.

USTED NO ES INDEPENDIENTE DE SU CÓNYUGE

Esa historia ilustra un punto clave para las parejas: Puede que Dios esté llamando a uno de los dos al ministerio o a una profesión, y quizá usted tenga el don pero a menos que trabajen juntos como pareja, van a tener luchas.

Usted tiene que entender que cuando Dios le llama,

él tiene un propósito igualmente importante para su cónyuge; su llamamiento para usted no puede ser independiente de su cónyuge. Así que si Dios le está tocando para llevarlo en cierta dirección, ustedes tienen que preguntarse: "¿Cómo funciona esto para los dos juntos?". A menos que estén de acuerdo, puede que no sea adecuado dar el paso.

Usted tiene que entender que cuando Dios le llama, él tiene un propósito igualmente importante para su cónyuge; su llamamiento para usted no es independiente de su cónyuge.

La mayoría de las parejas a lo largo de los siglos se casaban muy jóvenes, pero ya no es así. La gente no se casa tan temprano. De hecho ahora se casan demasiado tarde. Hoy el desafío es que las parejas pueden haber desarrollado un fuerte sentido del yo y no saben cómo combinarse como pareja. Quizá no sepan cómo hacer concesiones. Han vivido por su cuenta, han tenido un apartamento o casa, han pagado las cuentas, tienen una profesión, todo eso. Entonces, por supuesto, se complican las cosas cuando la pareja vive junta antes de casarse. Así que nuestro consejo para las parejas es que descubran cómo sus carreras, ministerio e intereses pueden funcionar juntos.

DESARROLLAR SUS IDENTIDADES

Aunque ambos tienen que trabajar juntos y crecer como pareja, también tienen que crecer como personas. Ustedes son dos personas que se unen para crear esta otra cosa, la pareja. Pero si no tienen un fuerte sentido de sí mismos como personas, entonces de pronto la otra persona y la pareja se convierten en algo de suma importancia. Si usted no se cultiva a sí mismo, entonces comienza a perderse y por supuesto, se rebelará contra eso. Solo porque se haya casado no quiere decir que de repente perdió su identidad. Usted sigue siendo quien es y lleva eso al matrimonio.

Gina y yo luchamos con la identidad al principio de nuestro matrimonio. Nosotros somos una anomalía porque nos casamos muy jóvenes (Gina tenía 16 años y yo tenía 20), y todavía no habíamos desarrollado un fuerte sentido del yo. Gina incluso dejó la escuela secundaria para casarnos. Cuando yo dejé mi carrera de béisbol tenía 28 años y Gina 24. Ambas identidades se habían involucrado tanto en el asunto del béisbol, pero ahora eso había terminado. ¿Quiénes éramos ahora?

Gina obtuvo su sentido del yo fundamentalmente mediante su papel como esposa y madre, y eso resultó un poco dañino, tóxico y contraproducente. Íbamos a una iglesia en nuestro pueblo de Upland, Indiana, y la directora del ministerio de mujeres, Edna Myers, conversó aparte con Gina y le dijo: "Realmente tienes que crecer como persona y descubrir quién es Gina y cuáles son sus dones". Esta fue realmente la clave para que el Señor hablara mediante Edna y le diera ese consejo a

Gina porque tuvo un efecto tremendamente positivo en nuestro matrimonio.

A partir de ese momento Gina comenzó a crecer como persona. Teníamos dos niños pequeños así que ella no tenía mucho tiempo para regresar a la escuela ni nada semejante pero, basada en el consejo de Edna, decidió obtener su diploma de secundaria. Eso la asustaba mucho. Sentía que había estado fuera de la escuela demasiado tiempo y no podría pasar el examen. Pero lo pasó y luego se matriculó en un instituto local donde obtuvo su licenciatura en administración de empresas. Fue entonces que ella comenzó a encontrarse a sí misma. Además buscó consejería.

Mientras, yo trataba de encontrar mi identidad ahora que ya no era un lanzador para las grandes ligas. Desde los cinco años había crecido respondido a la pregunta: "Frankie, ¿qué quieres ser cuando crezcas?" con "Voy a ser pelotero". Y, como la mayoría de los hombres, mi identidad estaba completamente encerrada en lo que yo hacía y no en quién era.

Cuando mi carrera terminó obtuve mucho de mi identidad y me definía a mí mismo en base a estar casado con Gina. Así que el asunto pasó a ser: "¿Quién soy como esposo? ¿Qué significa eso en cuanto a quién soy como padre?". Ya que nunca había recibido un patrón para estos roles, no sabía cuáles eran las respuestas. Había crecido en un ambiente muy inestable con una madre sociópata y un padre indiferente. Había pasado años tratando de desenredar las mentiras de mi madre y separar la verdad de la ficción, pero todavía estaba muy confundido. Por fin fui en busca de consejería y comencé a descubrir quién era. Fue un proceso difícil pero tan importante para ayudarme a unir las piezas de mi personalidad.

USTED NECESITA AMIGOS

Con los años otra cosa que nos ha ayudado a crecer como pareja y como personas ha sido la amistad. Si su cónyuge es su único amigo/amiga, sus expectativas para que a él o ella satisfaga todas sus necesidades van a ser muy altas y eso se vuelve dañino. Usted necesita otras personas para enriquecer su vida.

Para crecer como personas ambos necesitan amigos propios. Sus cónyuges no tienen que ser amigos/amigas de su cónyuge. Por ejemplo, Gina me anima a que haga viajes en motocicleta, y así yo me divierto, es mi tiempo de pasar tiempo con mis amigos. De la misma manera, Gina sale con sus amigas que no son las esposas de mis compañeros de motocicleta.

Para crecer en el matrimonio necesitan parejas amigas donde tanto el esposo como la esposa se lleven bien con el otro esposo y esposa. Si él me cae bien y ella le cae bien a Gina, está perfecto. Podemos ir juntos de vacaciones, podemos jugar juntos y acabamos siendo amigos muy íntimos, para toda la vida. Sin embargo, tienen que ser estratégicos en esto. Ustedes solo tienen un cierto número de días de vacaciones al año, y cierta cantidad de tiempo libre, sobre todo cuando hay niños. Solo tienen ciertos viernes o sábados cuando pueden buscar una niñera y salir solos. Solo hay tiempo para cierta cantidad de amistades.

Puede parecer frío y analítico pero, insisto, el tiempo

es limitado y tenemos que tomar decisiones difíciles. Si ustedes dejan espacio para todo el mundo, muy pronto acabarán sin ningún tiempo para los dos solos como pareja y encima de eso, sus amistades no llegarán a nada. ¿Por qué? Porque siempre se relacionan a nivel superficial, nunca profundizan. Todos necesitamos parejas que sean amigos íntimos, cercanos, parejas con las que queremos compartir nuestras vidas.

ASEGÚRENSE DE ESTAR EN EL MISMO EQUIPO

Por último, el matrimonio es cuestión de trabajo en equipo, cuestión de trabajar y tomar decisiones juntos como pareja para lograr lo que sea mejor para el matrimonio y la familia. Gina es el centro alrededor del cual nuestra familia opera. Yo soy el líder espiritual, técnicamente, pero por la manera en que esto funciona a nivel operativo, es ella quien sostiene muchas de las relaciones con nuestros amigos y nuestros hijos porque mi trabajo como presentador de radio es algo que consume mucho tiempo. No hay manera de que yo pueda hacer mi programa sin Gina. No puedo entender cómo las personas enfrentan las exigencias de una profesión sin un buen matrimonio y un cónyuge que muestre un apoyo increíble.

El matrimonio es cuestión de trabajo en equipo, cuestión de trabajar y tomar decisiones juntos como pareja para lograr lo que sea mejor para el matrimonio y la familia.

Cuando me refiero a Gina como mi esposa lo hago con una E mayúscula. Ese rol implica tanto tiempo, energía, esfuerzo, pensamiento, oración y amor. Ella no es simplemente mi cónyuge, ella es mi mejor amiga, mi consejera principal, la persona a quien acudo en cuestiones tanto profesionales como personales. Las personas pueden verme y escuchar mi nombre constantemente, pero cualquier que nos conozca bien sabe que Gina está detrás de todo. Juntos somos un equipo increíble.

Y, sí cabe que yo mismo lo diga, he crecido mucho desde el día en que el Dr. Bright entrevistó a aquel hombre tan orgulloso, arrogante y tonto que pensaba que todo solo tenía que ver con él.

———————— ❧ ————————

Frank Pastore fue el anfitrión del programa cristiano radial más escuchado del país en la emisora 99.5 KKLA. Frank y su esposa, Gina, estuvieron casados por 32 años; le sobreviven dos hijos adultos y un nieto. Durante siete años Frank fue lanzador de las grandes ligas para el equipo Cincinnati Reds antes de asistir al Seminario Talbot. Después obtuvo una maestría en filosofía política en la universidad Claremont. Frank falleció el 17 de diciembre de 2012 tras sufrir un accidente de motora en Los Ángeles, ciudad en la que residía con su esposa.

13

Poner las relaciones sexuales en el calendario

Jill Savage

Mark y yo nos describimos como una pareja que lleva 28 años de casados...18 de los cuales han sido felices. Hemos tenido algunas épocas difíciles y hemos descubierto que la consejería matrimonial es una estrategia importante para que nuestro matrimonio se mantenga en un buen curso. Uno de los mejores consejos sobre el matrimonio que yo recibí vino de una consejera, y siempre que nosotros aprendemos una estrategia valiosa, enseguida queremos compartirla con los demás. Así que aquí va, y este consejo en particular es sobre la importancia de programar las relaciones sexuales.

Una tarde mi teléfono sonó y la mamá que estaba del otro lado de la línea expresó sus frustraciones. Ella quería tener relaciones sexuales pero a su esposo no le interesaba. Como padres de cinco niños, todos menores de seis años, rara vez tenían tiempo para ellos fuera de su habitación, y mucho menos dentro. Ella confesó que sentía que eran más bien compañeros de cuarto y no amantes.

Yo la escuché tratando de entenderla. Puesto que yo también tengo cinco hijos, sé lo que cuesta mantener a una familia centrada en el matrimonio y no en los hijos. Sé lo difícil que es encontrar tiempo solo para los dos. Y conozco el desafío de tener apetitos sexuales diferentes.

Cuando por fin ella se detuvo para respirar, le expliqué algunas de las estrategias que Mark y yo hemos encontrado para que nuestro matrimonio siga siendo una prioridad. Esta mamá y yo hablamos sobre ideas creativas para tener citas, opciones económicas para buscar niñeras, y la importancia de comunicarse a diario. Le pregunté si ella y su esposo habían considerado alguna vez programar su vida sexual. Ella respondió con un silencio incómodo.

Por fin se rió y dijo: "¿Estás bromeando, verdad? Se supone que el sexo sea algo espontáneo. Nadie *programa* el sexo".

¡APÚNTELO EN CLAVE!

A lo largo de matrimonio Mark y yo hemos estado en extremos opuestos cuando se trata de nuestro apetito sexual. Mark piensa en el sexo cada 17 segundos. Yo pienso en eso más o menos una vez cada 17 días. Y ese no fue nuestro único desafío matrimonial.

Nuestro apetito sexual diferente fue solo un asunto entre muchos en nuestra dañada relación. Sin embargo, durante una época de sanidad en la que recibimos consejería, aprendimos algunas estrategias nuevas para la comunicación, la resolución de conflictos y el hacer concesiones con respecto a nuestras diferencias sexuales.

Fue también entonces cuando descubrimos por primera vez el concepto de programar las relaciones sexuales.

Al principio, como aquella joven mamá, no podíamos dejar atrás la idea errónea de que el sexo es algo que no se puede programar. ¿Quién dice que el sexo siempre debe ser espontáneo? Las películas, los programas de televisión, los artículos de las revistas y las novelas románticas, ¡esos son quienes lo dicen!

Si no tenemos cuidado comenzamos a usar los medios de comunicación para determinar qué es "correcto" o "normal." Si lo hacemos, entonces estamos usando la vara de medir incorrecta. No podemos permitir que nuestra cultura o los medios de comunicación establezcan el rumbo de nuestra relación. En cambio, necesitamos aplicar la creatividad que Dios nos ha dado para encontrar el tiempo y establecer estrategias que la vida sexual en nuestro matrimonio funcione.

Si no tenemos cuidado comenzamos a usar los medios de comunicación para determinar qué es "correcto" o "normal".

Una vez que Mark y yo pudimos aceptar que programar las relaciones sexuales no era una idea tan loca, la pusimos en práctica en nuestro matrimonio. Hoy todavía nos asombra la práctica que ha transformado nuestra relación física.

¿Cómo hacer el amor de manera planificada beneficia a un matrimonio? Considere estas ventajas.

ELIMINA "EL PEDIR"

En la mayoría de los matrimonios uno de los cónyuges tiene un deseo mayor que el otro y pide tener relaciones más a menudo, mientras que su pareja rara vez pide intimidad física. En el cónyuge con mayor deseo a menudo le surge el temor al rechazo. Uno se cansa de tener que estar pidiendo casi siempre, incluso suplicando, el tener relaciones sexuales.

Cuando una pareja puede ponerse de acuerdo en un itinerario básico para las relaciones sexuales, se eliminan las conjeturas. Por supuesto, todavía cabe la espontaneidad ocasional, pero el calendario le asegura al cónyuge con mayor deseo sexual que sucederá y no solo eso ¡sino que sabrá *cuándo*! Por lo general el itinerario es menos frecuente de lo que el cónyuge con mayor deseos quisiera y más frecuente que lo que el cónyuge con menos deseos pudiera querer. Están buscando un punto medio.

AUMENTA EL DESEO

Para el cónyuge con un deseo menor, programar el sexo involucra al cerebro, que es el mayor órgano sexual del cuerpo humano. El cerebro necesita recibir una señal para preparar al cuerpo para la respuesta sexual. La mayoría de las personas que tienen un apetito sexual menor sencillamente no piensan muy a menudo en el sexo. Tener una programación le da un empuje a este proceso.

— ❀ —

*Programar el sexo involucra al cerebro, que es
el mayor órgano sexual del cuerpo humano.*

Una vez que las relaciones sexuales están en el calendario, sirve como recordatorio para pensar en el sexo, nos prepara mentalmente para estar juntos físicamente y nos apresta para tener ganas. Cuando me quejé con una amiga por tener problemas para tener ganas, ella me dijo: "Jill, estás tratando de pasar de cocinar a hacer el amor en 30 segundos. Eso no se puede hacer. Tienes que tener una estrategia para llegar del punto A al punto B".

Es raro que el cónyuge con mayor apetito sexual necesite tener ganas, pero el cónyuge con un apetito menor pudiera tener que trabajar en el asunto. Cuando el sexo se programa, sirve de aviso para echar a andar las estrategias. Programar las relaciones sexuales le recuerda a los cónyuges que están trabajando juntos por la meta de la intimidad, valoran las citas que tienen programadas y hacen lo que sea necesario para que suceda.

AUMENTA LA EXPECTACIÓN

Cuando hacer el amor es una prioridad, la expectación aumenta. Tanto el esposo como la esposa comienzan a prepararse para su esparcimiento matrimonial.

¿Alguna vez ha pensando usted en el sexo como una forma de esparcimiento? ¡Lo es! Dios nos dio el don del sexo como una manera de disfrutar en nuestro matrimonio. Es nuestro campo de juego privado donde Dios quiere que disfrutemos del placer físico.

Cuando las relaciones sexuales se programan, disfrutamos planificar nuestro tiempo juntos porque ambos tenemos la misma meta. Incluso podemos convertirnos en aprendices, de por vida, del arte de darnos placer el uno al otro. Tener en el estante un par de libros cristianos sobre técnicas sexuales pudiera ayudarnos a convertirnos en expertos al brindar placer físico el uno al otro. Este acto sencillo de programar las relaciones sexuales aumenta la expectación y fomenta una oportunidad para aprender y sobresalir en amar a nuestro cónyuge.

PERMITE UNA BUENA PLANIFICACIÓN

Él prefiere la noche cuando se pone romántico. Ella prefiere el día cuando no está cansada. Deciden poner en su calendario hacer el amor dos noches por días por semana: el martes al mediodía (él viene a casa para almorzar y ella busca una niñera para los niños) y el viernes en la noche (después de un baño tibio y una noche viendo una película o luego de una salida). Este horario funcionó bien para una pareja que nosotros asesoramos.

La mayoría de las parejas no solo difieren en su deseo con respecto a la frecuencia de las relaciones sexuales sino también en sus ideas sobre qué ambiente lleva al sexo. A algunas personas les resulta problemático hacer el amor si los niños están en los alrededores. Otros prefieren un momento determinado del día. Cuando usted pone las relaciones sexuales en el calendario, puede buscar la manera de acomodar esos gustos y aversiones para satisfacer los deseos de ambos.

Cuando usted pone las relaciones sexuales en el calendario, puede buscar la manera de acomodar esos gustos y aversiones para satisfacer los deseos de ambos.

AYUDA A LAS PAREJAS A PREPARARSE FÍSICAMENTE

Yo solía bromear con mi esposo y decirle que una vez que implantamos el calendario para hacer el amor, ¡me quité de encima la presión de afeitarme las piernas todos los días! Pero hablando en serio, es valioso prepararse a nivel físico para hacer el amor con su cónyuge. Un baño caliente o una ducha, un cuerpo recién afeitado, una loción olorosa a menudo nos relajan para la intimidad física. Además eso aumenta la expectación mientras usted se prepara para estar con su cónyuge.

Si el cansancio le impide estar entusiasmado con el sexo, una siesta temprano en la tarde pudiera ser la clave si hacer el amor está en la agenda para esa noche. Ya que ahora no hay conjeturas, podemos prepararnos no solo mental sino físicamente.

FOMENTA LA CONFIANZA

Si vamos a comprometernos a hacer el amor de manera habitual, necesitamos cumplir con nuestra palabra y nuestro acuerdo. Cumplir con nuestra palabra fomenta la confianza y profundiza la intimidad. En el caso raro de que algo impida la cita programada para hacer el amor, los cónyuges necesitan comunicar su valor con respecto a la intimidad sexual para que puedan crear un plan alternativo y satisfacer así esas necesidades físicas y emocionales. Este tipo de comunicación es clave para una intimidad exitosa.

Varias semanas después de aquella conversación inicial, hablé de nuevo con la joven mamá. Su voz tenía un entusiasmo que yo no había escuchado antes. Le pregunté cómo iban las cosas y dijo que ella y su esposo estaban trabajando en algunas nuevas maneras de dar vigor a su matrimonio e invertir en él.

Ella terminó diciendo: "¡Y no te molestes en llamar el viernes al mediodía porque nadie contestará el teléfono!". Yo supe que ella había aprendido el mismo secreto que nosotros aprendimos hace años. Aunque las relaciones sexuales espontáneas pudieran tener su lugar en la vida, ¡programar el sexo siempre tiene su lugar en nuestro calendario!

Jill Savage, quien ha aparecido en el programa Enfoque a la familia y en Crosswalk.com, y es la anfitriona del programa radial Heartbeat, es la fundadora y directora de Hearts at Home, una organización que da ánimo a las mamás. *Jill y su esposo, Mark, tienen cinco hijos, tres de ellos ya casados, y una nieta. Viven en Normal, Illinois. Jill es autora y oradora cuya pasión es animar a las familias. Es la autora de siete libros, entre ellos* Madre de profesión, My Heart's at Home, Real Moms... Real Jesus, *y su último libro, que escribió junto con su esposo,* Living with Less So Your Family Has More. *Para más información visite www.jillsavage.org.*

14

La actitud es una elección

Stormie Omartian

Me encanta cuando el Señor le habla a mi corazón de manera específica sobre algo por lo que he estado preocupada durante mucho tiempo. Es como agua fresca que se derrama sobre mi alma cansada que ha pasado demasiado tiempo en un desierto de desesperación árido y caliente.

Uno de los mejores consejos que me han dado jamás con respecto al matrimonio vino directamente de Dios cuando oraba por algo que mi esposo, Michael, había hecho y que me molestó. Yo no solo sabía que su decisión era errónea sino que sabía que era muy probable que me afectara por el resto de mi vida. No, no fue la Gran A (de adulterio). Cuando se trata de cualquier tipo de infidelidad mi esposo nunca me ha dado motivos para dudar de su lealtad, moral y decencia. Y por eso estaré por siempre agradecida. Esto tenía que ver con una decisión que Michael tomó y que nos afectaba a ambos de manera negativa, pero él nunca me consultó ni me habló al respecto hasta que las consecuencias también comenzaron a afectarme a mí.

Yo no supe por boca de Michael lo que había sucedido. Lo descubrí a medida que las consecuencias de su decisión comenzaron a llegar a mí, y estaba muy enojada. Cuando lo confronté, él sabía que había hecho algo mal y se disculpó. Eso ayudó, pero el daño ya estaba hecho y yo seguiría siendo quien más sufriría las consecuencias. Aunque él se había disculpado con sinceridad y yo con el tiempo le dije que lo perdonaba, no podía olvidarlo. La situación seguía viniendo a mi mente y afectaba mi actitud. Mi corazón estaba roto y yo me sentía traicionada.

Enseguida fui a hablar con Dios del asunto porque sabía que si no me deshacía de la falta de perdón que había en mi corazón, eso produciría consecuencias todavía mayores para mí que las de la decisión de mi esposo. Cada semana le pedía a mi grupo de oración que oraran conmigo por mi falta de perdón y cada vez yo parecía estar mejor, al menos por un tiempo. Pero cada vez que me enfrentaba a las consecuencias de la decisión, una decisión que yo jamás soñaría tomar, la ira y el dolor volvían a mí con toda su intensidad.

VIVIR CON LA DUDA Y LA DESESPERACIÓN

La situación comenzó a minarme de tal manera que afectaba mi actitud con respecto a la vida y el futuro. Era como si yo no pudiera esperar gustosa nada más. Sin lugar a dudas, mi corazón herido y endurecido afectó la relación con mi esposo. Oré por un milagro del tipo "Dios, por favor, sácanos de este enredo", pero ya que no podía ver ninguna solución por mí misma, dudaba que Dios hiciera algo, o que tan siquiera quisiera hacerlo. ¿Por qué habría de hacerlo? ¿Redime Dios nuestros errores tontos cada vez que los cometemos? ¿Acaso él a veces, o a menudo, no deja que suframos las consecuencias de nuestras decisiones para que aprendamos a buscarlo primero a él y ser guiados por él cuando tomemos decisiones?

— —

Hay algo con la edad que hace que ciertas consecuencias de las malas decisiones sean menos soportables.

La desesperación se hizo sentir y de hecho se volvió parte de mí. Desde el día en que descubrí la mala decisión y comencé a cosechar las consecuencias, las cosas cambiaron. Hay algo con la edad que hace que ciertas consecuencias de las malas decisiones sean menos soportables. Uno no cree tener las fuerzas para soportarlas o compensarlas. Cuando uno es joven y tiene la mayor parte de la vida por delante, es más fácil ser positivo en cuanto a los errores y las adversidades. A fin de cuentas, hay tiempo para corregirlos y dejarlos atrás. Las malas decisiones y sus consecuencias no son para nada tan abrumadoras.

Durante meses yo oré y oré, cada día, muchas veces al día, para que Dios quitara mi falta de perdón y mi amargura, pero no parecía obtener la liberación que necesitaba y que no deseaba que llegara. Había dejado que las soluciones humanas se volvieran más importantes en mi mente que la confianza en que Dios podría sacarnos adelante. Dejé que el temor humano de lo que pudiera suceder vencieran la visión que Dios me había dado para el futuro.

CONFESIÓN Y CAMBIO

Por último, una mañana mientras otra vez leía la Biblia y oraba por este asunto, Dios habló a mi corazón tan claramente como jamás le había escuchado hablarme. Supe que era Dios porque lo que él puso en mi corazón era sin dudas algo que yo no podría haber inventado por mi cuenta. Y ciertamente no era una mentira del enemigo. Sentí esa lluvia renovadora y refrescante que bañaba las partes muy áridas de mi alma. Era Dios y yo lo sabía.

Yo estaba presentándole a Dios la situación una vez más y diciéndole por enésima vez: "Señor, confieso mi falta de perdón. Por favor, llévatela. Quítame la mala actitud que tengo para con mi esposo". Fue entonces cuando escuché a Dios hablar claramente a mi corazón: "Tu actitud es una elección que tú haces".

Dios no ahondó, pero no tenía que hacerlo. Estaba claro para mí. Supe en ese instante que nada cambiaría, ni en mí ni en mi situación, a menos que yo eligiera adoptar la actitud que Dios quería que yo tuviera. Y yo sabía cuál debía ser esa actitud.

Había memorizado el fruto del Espíritu, pero igual busqué el pasaje. Necesitaba ver con mis propios ojos, para poder injertar firmemente en mi cerebro las virtudes exactas que necesitaba tener. Necesitaba escoger una actitud de amor, alegría, paz, paciencia, amabilidad, bondad, fidelidad, humildad y dominio propio. Estos son el resultado natural de que el Espíritu Santo viva en nosotros pero solo se producen cuando dejamos que el Espíritu Santo controle por completo nuestras personalidades. Él no nos obliga a llevar fruto; nosotros lo invitamos a hacerlo. Paramos la producción cada vez que escogemos nuestro camino y no el suyo. Y podemos creer que tenemos control sobre la situación hasta que algo malo sucede y nos convertimos en la víctima de la mala decisión de otra persona. Sin el alimento y la atención adecuados, el fruto se marchita y muere.

LA FALTA DE PERDÓN QUEDARÁ REVELADA

La Biblia dice que debemos tener fe, esperanza y amor, y que el amor es el más importante porque dura para siempre. Yo necesitaba escoger entre tener *fe* en que Dios podría obrar en esta situación, aunque yo no pudiera imaginar cómo. Y necesitaba poner mi *esperanza* solo en él, no en mí misma, ni en mi esposo ni en otras personas. Sobre todo, necesitaba tener *amor*. Pero el amor se ahoga con la falta de perdón y la falta de perdón se revela cuando tratamos de decirnos a nosotros mismos que estamos completamente libres de ella. La falta de perdón se niega a esconderse.

Yo necesitaba escoger entre tener fe en que Dios podría obrar en esta situación, aunque yo no pudiera imaginar cómo.

Enseguida que escuché el mensaje de Dios para mí, me enfrenté a la elección que debía hacer en cuanto a mi actitud. Vi cómo la falta de perdón había afectado mi relación con mi esposo e incluso la alegría cuando estaba con otras personas. Me disgustaba que hubiera estado haciendo una elección equivocada cada día. ¿De quién era la decisión más mala, la de mi esposo o la mía?

Claro que en mi cabeza sabía todo esto pero al parecer realmente no lo sabía en mi corazón hasta que algo malo sucedió. Me arrepentí por completo. Sabía que a partir de ese momento tenía que hacer una elección cada día, tal vez incluso a cada hora, en cuanto a mi actitud.

Cada vez que sabía que iba a ver a mi esposo, sobre todo a primera hora de la mañana, tomé la decisión de saludarlo con el amor, la alegría y la paz de Dios en mi corazón. Iba a tener una actitud que dijera: "Dios reina en mi vida y su Espíritu vive en mí, y doy control de mi corazón al Espíritu Santo". Decidí que cualquier cosa que le dijera a mi esposo sería algo positivo y edificante. Escogería mi actitud. Y ya no sería irritación.

A partir del momento en que empecé a hacer eso, ocurrió el más grande milagro de todos: comencé a confiar en que Dios podía hacer un milagro en nuestra situación. No era que no creyera que Él podría hacer el milagro, yo sabía que Dios podía hacer lo imposible, era que yo no sabía si Él querría hacerlo.

TOMAR LA DECISIÓN CORRECTA

Por fin perdoné a mi esposo por completo y el asunto entre los dos dejó de surgir en mi mente a cada momento.

Nuestra relación mejoró enseguida. Todavía no he visto un milagro con relación a este problema, pero he visto una pequeña disminución del impacto de las consecuencias que vino de donde menos yo lo esperaba. Eso es un milagro en sí mismo, lo creo y me alegro en él.

No soy perfecta en este asunto de la actitud y hay días en los que se me olvida tomar esa decisión, pero puedo darme cuenta y luego retomar la dirección de Dios. Estoy completamente convencida de que la elección de la actitud me corresponde a mí, y trato, la mayoría de las veces, de escoger la correcta.

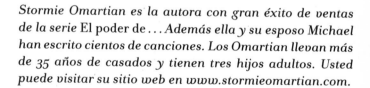

Stormie Omartian es la autora con gran éxito de ventas de la serie El poder de... *Además ella y su esposo Michael han escrito cientos de canciones. Los Omartian llevan más de 35 años de casados y tienen tres hijos adultos. Usted puede visitar su sitio web en www.stormieomartian.com.*

15

Busque al Señor de manera deliberada

Phil y Heather Joel

El mejor consejo sobre el matrimonio que he recibido jamás no vino de labio de un bien sabio ni de las páginas de un libro lleno de sabiduría matrimonial. En cambio, vino a través de mi hija, mi primogénita, y en aquel entonces ella ni sabía hablar.

Era el otoño de 2000, y Heather y yo llevábamos casi seis años de casados. Disfrutábamos por completo nuestra vida de casados. Por aquel entonces yo llevaba siete años en los Estados Unidos y era miembro del grupo musical cristiano *Newsboys*. Además había firmado un contrato para grabar mi primer disco como solista.

Heather también tenía lo suyo. Era la presentadora de un programa televisivo de CMT (Televisión de música country, por sus siglas en inglés) que se llamaba *Hit Trip*. Hacía viajes a distintas ciudades de los Estados Unidos con las grandes estrellas de la música country y un equipo de filmación para hacer todas las cosas divertidas que cada ciudad ofrecía. Es muy divertido terminar un concierto y regresar al bus de la gira o al hotel y ver a la esposa de uno en la televisión.

VIVIR EL SUEÑO AMERICANO

Nuestro trabajo y calendarios de viaje eran muy complicados y la vida se movía a un paso bastante rápido. Pero, hasta donde sabíamos, nuestras vidas eran todo aquello que debían ser. Ahí estábamos, sin llegar todavía a los 30 años, y viviendo las vidas con las que siempre habíamos soñado. Nos teníamos el uno al otro, carreras divertidas y todas las cosas que la cultura nos dice que se supone que tengamos. Estábamos viviendo el sueño americano. ¡Hasta teníamos una cerca de estacas blancas puntiagudas alrededor de nuestra casa! Lo único que faltaba en nuestro sueño americano eran los pasitos de unos pies pequeñitos, pero en octubre de 2000 ese vacío se llenó con la llegada de Phynley, nuestra hija.

Yo estaba tan preocupado con asegurar el asiento para bebé en el asiento trasero del auto, y asegurándome de que la casa estuviera a prueba de bebés y todas las demás cosas que la realidad de la "paternidad" no me golpeó hasta tarde una noche cuando estaba sentado bajo las estrellas en el patio. Fue allí que me golpeó: *¡Pum! "¡Eres papá! ¡Tienes una hija y eso te hace papá!".* Estoy seguro de que esto le parece simple a la mayoría de la gente pero supongo que yo había estado bajo una especie de adrenalina de nuevo papá que me había impedido comprender lo que había sucedido. Realmente no lo había captado hasta ese momento.

Aquel fue un momento *grande* para mí, pero más

grandes todavía fueron las preguntas que vinieron después, preguntas que necesitaban respuestas honestas: "¿Qué tipo de hombre verá mi hija en mí?, ¿Qué tipo de hombre soy *realmente*?".

ALGO SE DESPIERTA

Cuando le conté a Heather mi "experiencia en el patio", ella pareció entender hasta cierto punto lo que yo estaba sintiendo. Fue un momento que me puso a pensar de manera especial. Ambos teníamos la impresión de que Dios estaba despertando algo dentro de cada uno de nosotros.

Después de algunas semanas sintiendo aquello nos vimos en una situación de emergencia. No voy a entrar en detalles, pero necesitábamos orar, *orar* de verdad y clamar a Dios en serio. El tipo de oración que solíamos hacer antes de las comidas o antes de irnos a dormir no daban la talla. Tenía que ser oración *de verdad*, el tipo que solo las personas que conocen realmente a Dios pueden hacer. Heather y yo no sabíamos qué hacer, qué decir o qué orar. Nos dimos cuenta en ese momento que no podíamos clamar a Dios porque realmente no conocíamos al Dios a quien estábamos tratando de clamar.

Heather y yo habíamos sido chicos que se criaron en la iglesia. Ambos crecimos en hogares cristianos con padres cristianos. Pero nos dimos cuenta de que aunque sabíamos mucho *sobre* Dios, realmente *no lo conocíamos*.

Nos dimos cuenta de que aunque sabíamos mucho sobre Dios, realmente no lo conocíamos.

Dios nos estaba mostrando nuestra verdadera condición. Estábamos comenzando a ver que la forma de cristianismo que estábamos viviendo no era lo que él deseaba para nosotros. Sentíamos que había más, y lo queríamos. Sentimos que el Señor nos estaba alcanzando y nosotros necesitábamos extender los brazos hacia él. Él había captado nuestra atención, y nuestros corazones, oídos y ojos estaban abiertos a Él de una nueva manera. Pero no estábamos muy seguros de cuál sería el próximo paso.

Ambos amábamos al Señor y teníamos un deseo real de conocerle. Teníamos un deseo genuino de convertirnos en las personas que él había diseñado que fuéramos. Pero no teníamos un plan. Y sin un plan para buscar una relación real con Dios, acabaríamos en un ciclo de neutralidad.

UN PLAN SENCILLO

Decidimos que si realmente se podía conocer a Dios, de verdad, iríamos tras Él. Y se nos ocurrió un plan sencillo. Decidimos levantarnos temprano, antes de que los teléfonos comenzaran a sonar, antes de que la niña comenzara a llorar, en el silencio de la mañana. Sabíamos que era el mejor momento que ambos podíamos encontrar en nuestro horario para poder acometer juntos este plan. Decidimos usar un plan para leer la Biblia en un año que tenía el mes y el día con las porciones de la Escritura que debíamos leer para cada día en particular. Como dije, era sencillo.

Así que empezamos, Heather en la sala y yo en el comedor. Recuerdo que abrí mi Biblia y sencillamente decía: "Señor, aquí estoy. Encuéntrate conmigo, ¿por favor?".

A la mañana siguiente hicimos lo mismo, y la siguiente. Una y otra vez veníamos con el deseo de encontrarnos con Dios y de escuchar de él. Algunos días era más difícil que otros, algunos días era casi imposible. Quiero decir, se sabe que los músicos no son muy madrugadores, ¡en serio!

Bueno, después de haber hecho esto cada mañana durante tres meses, algo realmente tremendo sucedió. A mitad de nuestro tiempo una mañana los dos nos encontramos frente a la cafetera para buscar una segunda taza de café. Heather me miró y me dijo: "Phil, ¡está *funcionando*!". ¡Ella estaba tan emocionada! Lo cómico fue que yo sabía justo lo que quería decir porque yo también lo sentía. "Sí, ¡*está* funcionando!", le dije yo.

Lo que había comenzado a suceder sin que siquiera nos diéramos cuenta era esto: día tras día, durante tres meses, habíamos pasado tiempo con el Señor, de manera constante, leyendo la Palabra y orando. Estábamos alimentándonos de la verdad y comenzando a conocer al Señor. Estábamos creciendo en una *relación* auténtica con él, y estábamos comenzando a conocer el sonido de su voz. A partir de ese momento la Biblia se convirtió en nuestro salvavidas y a medida que seguíamos haciéndolo, ¡podíamos sentir que el Señor nos hablaba y nos mostraba cosas de sí mismo que nunca antes habíamos visto!

Estábamos alimentándonos de la verdad
y comenzando a conocer al Señor.

Las cosas comenzaron a saltar de las páginas. Ambos habíamos estado llevando un diario durante esos meses y ahora prácticamente no podíamos parar de escribir, el Señor nos estaba mostrando tantas cosas sobre sí mismo, sobre nosotros, sobre nuestro matrimonio, sobre la crianza de nuestra hija, nuestras profesiones. Esta *relación* estaba empezando a cambiarnos y todavía nos está cambiando.

LA ORACIÓN TODO LO CAMBIA

En medio de esta transformación reconocimos que ese era el *verdadero* comienzo de nuestra aventura matrimonial juntos. Nunca habíamos sentido tanta emoción en nuestras vidas ni tanta paz. A pesar de que Heather y yo habíamos estado muy cerca uno del otro antes, no se comparaba con la cercanía que estábamos experimentando mientras hacíamos esta trayectoria juntos. Comenzamos a entender, y todavía estamos descubriendo, la unión increíble del matrimonio. ¡Qué diseño tan brillante!

Aquella experiencia inicial y el descubrimiento del deseo y la disposición de Dios para que tengamos una relación verdadera con él ocurrió hace más de 10 años, y tengo que decir que ¡buscar al Señor de manera deliberada cada día es en gran medida el *mejor* consejo sobre el matrimonio que he recibido jamás! Esto ha cambiado literalmente todo en cuanto a nuestro matrimonio y nuestras vidas. Comenzamos cada día de la misma manera.

¿Que si todavía tenemos momentos difíciles?

Sí.

¿Que si tenemos un matrimonio perfecto?

No.

Pero el asunto es este: nuestro deseo es escuchar al Señor mientras nos disponemos regularmente para que él nos muestre y nos enseñe cosas que nunca conoceríamos por cuenta propia. Así que cuando vienen los tiempos difíciles (y seguirán llegando), y cuando vengan los desafíos, los caminaremos con el Señor. Tenemos una perspectiva completamente diferente de la que teníamos al comienzo de nuestro matrimonio.

Nuestro deseo es escuchar al Señor mientras nos disponemos regularmente para que él nos muestre y nos enseñe cosas que nunca conoceríamos por cuenta propia.

Heather y yo estamos enganchados...*enganchados* con el Señor. Estamos comprometidos con conocerle y escuchar de Él durante el tiempo que pasamos a solas con Él en la Palabra y en oración. Nuestro tiempo con Él no es una actividad religiosa que tenemos que tachar en una lista sino una reunión con el verdadero Dios viviente a quien le encanta mostrarnos la verdad y que caminemos con Él y le disfrutemos.

Esta relación con Dios es la clave que hace que otras relaciones ocupen el lugar que les corresponde y que cumplan su propósito legítimo en mi vida. Creo que según sea el hombre, así será el matrimonio. Mi esposa depende de mi caminar con Dios cada día. Ella sabe que voy a dar lo mejor de mí para escucharle a Él y caminar de una manera que le agrade a Él y que le sirva a ella y a nuestra familia.

Así que permítame terminar diciendo: "Gracias, Phyn. Gracias por nacer en nuestra familia y por aconsejarme de algún modo a hacer un inventario de mi vida y de mi relación con Jesús. Gracias por despertar un deseo renovado de conocer a Dios y a buscarle con pasión ferviente como si mi vida, matrimonio y familia dependieran de eso...porque así es".

Haz cambiado la manera en que lo hago todo
Haz cambiado la manera en que llevo mi anillo
de compromiso
Haz cambiado la manera en que trato a mi familia
Haz cambiado la manera en que veo a todos mis
amigos
Haz cambiado la manera en que paso mi tiempo
Haz cambiado la manera en que uso mi mente
Haz cambiado la manera en que gasto mi dinero
Haz cambiado todo lo que yo una vez pensé que
era mío

Haz cambiado mis emociones, me has estabilizado
Haz cambiado mis ojos y lo que les dejo ver

Haz cambiado el curso de mi historia
¡Gracias Dios porque todavía me estás cambiando!'

———————— ❧ ————————

Phil Joel fue bajista y vocalista del grupo Newsboys durante 13 años. Ha grabado seis discos como solista. En 2005, Phil y Heather comenzaron deliberatePeople, un ministerio enfocado en comunicar el deseo que Dios tiene de que vivíamos en una verdadera relación con Él primero y luego con aquellos que nos rodean. Phil y Heather tienen dos hijos y viven cerca de Nashville.

16

Crea que su cónyuge quiere lo mejor para usted

Jeff y Shaunti Feldhahn

Todavía podemos recordar el momento exacto en que nuestro matrimonio comenzó el cambio fundamental de ser algo promedio a algo que disfrutamos cada día. Fue cuando por fin entendimos lo que los padres de Shaunti quisieron decir cuando nos ofrecieron este consejo en nuestra boda: "Tienen que creer que la otra persona tiene las mejores intenciones". Shaunti le va llevar de regreso a ese momento en el tiempo...

LA HISTORIA DE SHAUNTI

Jeff y yo estábamos parados en la cocina de nuestro apartamento en la ciudad de Nueva York. Llevábamos como tres años de casados y durante todo ese tiempo nuestro principal motivo de conflicto era cuánto tiempo Jeff pasaba en la oficina. Tanto así que yo apenas lo veía. Hacía unos años nos habíamos graduado de postgrado en Harvard (él en derecho y yo en política pública), y ambos teníamos trabajos muy acelerados. Pero el trabajo de Jeff era enloquecedor. Él era un asociado residente en un bufete de abogados donde lo explotaban y trabajar 88 horas semanales era la norma. Él batallaba para estar a la altura de la carga que sus socios requerían. En un día promedio, él salía de nuestro apartamento a las 7 de la mañana y regresaba a las 11 de la noche. Por lo general tenía que trabajar muchas horas los fines de semana y a menudo entraba súper temprano los sábados para terminar al mediodía, y así podíamos tener unas horas muy preciadas juntos.

Pronto aprendí que este horario barbárico es lo normal para los abogados de las grandes ciudades quienes sencillamente no tienen vida. Todas las cosas normales que hacen los recién casados: salir con amigos, irse de vacaciones, ir juntos a la iglesia y tener un grupo pequeño, nos resultaban muy difíciles de planificar. A menudo yo terminaba yendo sola.

Tengo que reconocer que no lo manejé bien. Parecía como si nuestros años de recién casados estuvieran siendo sacrificados en el altar de su trabajo. Estaba furiosa con sus socios por hacerle trabajar tanto y por parecer tan desinteresados en cosas como cancelar nuestras vacaciones a última hora porque surgió un negocio. A decir verdad, a menudo también estaba enojada con él. Él trabajaba duro y siempre estaba cansado, pero a mí me parecía que él podía cambiar la situación si realmente quería. El hecho de que no la cambiara me hacía sentir que a él le importaba más su trabajo que yo.

Aquella noche, parados en la cocina, estalló el conflicto usual cuando él me dio la noticia de que uno de los socios le había asignado un negocio que requeriría trabajar todo ese fin de semana. Además implicaba cancelar nuestros planes para salir con unos amigos fuera de la ciudad.

—¿No puedes decirles que no y ya? —le supliqué por enésima vez ese año.

Él meneó la cabeza mientras vaciaba la fregadora de platos.

—Lo siento.

Era pasada la media noche y él parecía más cansado que lo que cualquier persona debiera parecer a la edad treinta y tantos años.

—Es un negocio de 4 mil millones de dólares y necesitan que maneje la mayor parte del trabajo base junto con otros abogados residentes.

Al ver que nuevamente los planes se deshacían delante de mí, las lágrimas comenzaron a rodar por mis mejillas. Yo había anhelado pasar tiempo con nuestros amigos y por fin tener la oportunidad de relajarnos un poco. No sabía cómo manejar los sentimientos intensos de desilusión. Y no sabía cómo manejar la sensación de que yo no era una gran prioridad para mi esposo.

—No llores, por favor—dijo él, y su conducta, normalmente comedida, se resquebrajó un poco—. ¡No tengo otra alternativa!

—¡Claro que tienes una alternativa! —Ahora mis lágrimas fluían—. Ellos están tratando de llevarte a la tumba antes de tiempo y tú no haces nada para detenerlos. Nunca te paras en firme y les dices que no. ¡Me hace sentir que no te importo!

Mientras él guardaba un vaso en el armario y se

viró hacia mí, me quedé atónita al ver que las lágrimas brotaban de sus ojos.

—¿Tú crees que yo *quiero* trabajar tanto? ¡Lo estoy haciendo *porque* tú me importas mucho!

Entonces comenzaron a salir de Jeff sentimientos que él no había sabido cómo expresar antes. —¿Tú crees que me gusta estar cansado todo el tiempo y no tener tiempo contigo, o perdernos nuestro grupo pequeño y no tener tiempo para mí mismo? Pero tenemos una deuda por el préstamo estudiantil de $135,000 y un lindo apartamento en Manhattan, y no tengo otra opción. Necesito buscar la manera de proveer para nosotros ¡y esta es la única manera que conozco! A mí tampoco me gusta así ¡pero lo estoy haciendo porque te amo!

Yo estaba abrumada. De repente, por primera vez, realmente lo entendí. Entre las muchas otras cosas que vi en ese momento, entendí que su motivación hacia mí realmente era buena y no egoísta o indiferente. Y lo que comenzó a cambiar nuestra relación a partir de ese momento no fue solo que yo empecé a entender de veras las cosas profundas de su corazón con respecto a las dudas de sí mismo, un anhelo de respeto o la carga de ser el proveedor...comprensión que al final terminó en que yo investigara y escribiera *Solo para mujeres: Lo que necesitas saber sobre la vida íntima de los hombres.* No, para nosotros, la transformación más importante ocurrió cuando comprendí que por años, cada vez que teníamos dificultades, yo en realidad suponía lo peor en cuanto a Jeff (que él prefería su trabajo a mí) en lugar de lo mejor (que él detesta estar lejos de mí, pero le parece que no tiene otra opción).

Por su lado, a Jeff le pasó algo similar; y una vez que nuestros ojos se abrieron a esto y comenzamos a tratar de creer lo mejor el uno del otro, todo en nuestro matrimonio cambió.

Una vez que nuestros ojos se abrieron a esto y comenzamos a tratar de creer lo mejor el uno del otro, todo en nuestro matrimonio cambió.

HACER EL CAMBIO FUNDAMENTAL

Con el tiempo nos mudamos de Nueva York en busca de un ritmo de vida más saludable y en unos pocos años estábamos, de manera inesperada, investigando y escribiendo varios libros sobre las relaciones, incluyendo *Solo para mujeres* y *Solo para hombres*. Nos asombra ver cómo Dios lo ha usado para abrir los ojos de hombres y mujeres a verdades acerca del sexo opuesto que cambian vidas y que ellos no sabían.

Pero sobre todas las demás verdades hay una que sobresale y que se aplica a la gran mayoría de los matrimonios. Y esa verdad es la que uno de nuestros padres nos dijo en nuestra boda, hace ya 17 años: independientemente de lo que parezca en ese momento, usted le interesa a su cónyuge y él quiere lo mejor para usted.

CREER LO MEJOR EN
CUANTO A SU CÓNYUGE

En nuestra investigación Jeff y yo hemos descubierto que creer esa única cosa, que su cónyuge quiere lo mejor para usted incluso cuando la evidencia al parecer muestre lo contrario, no solo resuelve muchos problemas sino que para empezar impide los problemas.

Entonces, ¿cómo es eso de creer lo mejor acerca de su cónyuge? A continuación cuatro pasos relativamente pequeños que marcan una gran diferencia:

1. *Identifique las cosas negativas engañosas*
La próxima vez que esté pasando por un momento difícil con su cónyuge: él hiere sus sentimientos o ella hace de nuevo aquello que dijo que no haría más, tómese un receso de dos minutos y pregúntese: ¿Qué estoy suponiendo yo en cuanto a la motivación de mi cónyuge? A menudo se dará cuenta de que es una suposición bastante negativa: *Él sabía cómo eso me haría sentir, y de todos modos lo dijo.* O, *Ella sabe cuánto me disgusta eso. Sencillamente no le interesa cuán importante es esto para mí.*

2. *Reemplácelas con cosas positivas*
Incluso en los tiempos difíciles y durante las discusiones emotivas, esas suposiciones negativas sencillamente no son reales, en la gran mayoría de los casos (nueve de cada diez, según las investigaciones que hemos hecho hasta ahora). Así que hágase esta pregunta: ¿Qué otra explicación, más generosa, pudiera tener el porqué mi cónyuge hizo eso? Entonces lleve cautivo el pensamiento negativo

sobre la motivación de su esposo. Decida simplemente suponer que lo positivo es verdad: *Él simplemente no se dio cuenta de cuánto dolería eso.* O, *Ella sabe cuánto me disgusta eso pero le es difícil dejar de hacerlo y yo sé que lo está intentando.*

3. Actúe de acuerdo a la nueva manera de pensar

Esta nueva apreciación no le ayudará a menos que actúe en base al a misma. Si realmente es verdad que él simplemente no se dio cuenta de cuánto sus palabras le herirían a usted, entonces sería destructivo y errado que usted le ataque por ser un grosero insensible. En cambio, después de su receso de dos minutos, usted podría decir: "Sé que no fue tu intención, pero cuando dijiste eso, realmente hirió mis sentimientos. Déjame explicarte por qué". Lo asombroso de actuar en base a estas nuevas suposiciones es que muy pronto usted no tendrá que forzarse a hacerlo. Sencillamente ya no tendrá las suposiciones negativas.

4. Aprenda la verdad sobre su cónyuge

Así como nuestros cónyuges hacen cosas que nos hieren sin darse cuenta ni tener esa intención, nosotros les hacemos cosas hirientes a ellos. Por lo general es porque sencillamente no comprendemos las necesidades y temores más íntimos de la otra persona. Hacemos un esfuerzo tan grande por cuidar de nuestros cónyuges pero no comprendemos que estamos esforzándonos en los aspectos equivocados. Y no nos damos cuenta, por ejemplo, de que estamos provocando que nuestro cónyuge se sienta ignorado, herido o infeliz. Por ejemplo, una esposa pudiera decir: "Te amo" y hacer muchas cosas amorosas pero no comprender nunca que, puesto que la mayor necesidad de un hombre es respeto, su esposo está deprimido porque nunca escucha cosas como: "Hiciste un gran trabajo al dar esa presentación", o, "Gracias por cortar la hierba a pesar de que había tanto calor". (O si ella sí ofrece agradecimientos así, inconscientemente los anula al añadir: "pero te faltó un pedazo".)

PERMITA QUE LA COMPRENSIÓN TRANSFORME SU MATRIMONIO

En aquellos años Jeff estaba trabajando bajo la suposición de que lo que yo más necesitaba era seguridad, lo cual significaba (creía él) vivir en un lindo edificio con portero en Manhattan, pagar nuestro préstamos estudiantiles y guardar dinero para el retiro... todo lo cual se pagaba con el salario que representaba aquel trabajo maniático que él tenía. Y él se sentía confundido y estresado por lo que creía que eran mis expectativas imposibles de que él tenía que ser capaz de hacer todo esto *y* estar mucho más disponible, puesto que con su trabajo sencillamente no era posible.

Una vez que tuvimos aquel cambio radical, así como yo comprendí que sus decisiones en verdad reflejaban un profundo amor y no la falta de este, él entendió que a mí realmente no me importaban más "las cosas" que él. Él entendió que yo de veras estaba dispuesta a cambiar el alto salario y la glamorosa vida en Manhattan para tener más de él.

La decisión crucial de hacer de nuestro matrimonio una prioridad al mudarnos lejos de Manhattan fue algo grande, pero al final es solo un ejemplo de la transformación fundamental y cotidiana que sucede en nuestro matrimonio cuando decidimos creer lo mejor el uno del otro, tal y como mis padres nos aconsejaron que hiciéramos hace ya tantos años.

———————— ❧ ————————

Jeff Feldhahn es el presidente y CEO de World2one, una empresa tecnológica que ayudó a fundar en 1999. Además es socio fundador de FSB Legal Services, una asociación única de abogados muy calificados y especializados que son independientes quienes disfrutan el desafío de trabajar como un "bufete de abogados virtual" para clientes empresariales grandes. Shaunti Feldhahn comenzó su carrera como analista en Wall Street y hoy es autora con gran éxito de ventas, conferencista y columnista de un periódico de distribución nacional.

Jeff y Shaunti son líderes activos en su iglesia. Viven en Atlanta con sus dos hijos.

17

El hábito de tomarse un receso

Michael y Amy Smalley

Antes de que Michael y yo (Amy) nos casáramos, yo leí todos los libros de Gary Smalley que pude encontrar. Lo que más resalta para mí como el mayor consejo que recibí sobre el matrimonio fue esta palabra: honor. Cuando las cosas se ponían realmente difíciles, yo me dejaba guiar por esta palabra como si fuera un faro en la oscuridad. Quería honrar a Dios y a Michael. A menudo me molestaba cuando analizaba las diferencias entre nuestras personalidades con deshonra en mi corazón. Cuando aprendimos a aminorar la marcha y tomarnos un descanso, nos hicimos capaces de honrar mejor los puntos fuertes de cada uno y aquellos aspectos en los que teníamos que trabajar.

La ciudad de Nueva York es nuestro lugar favorito de toda la tierra. Nos encantan las luces, la gente, la energía, la comida, la cultura y el hecho de que uno tiene la oportunidad de compartir la mesa en un restaurante con una persona completamente extraña porque sencillamente no hay espacio para la masa de personas que quiere comer en el mismo lugar. Como cuentan que dijo

Johnny Carson: "Nueva York es una ciudad emocionante donde hay algo pasando constantemente, casi siempre sin resolver". No hay ningún otro lugar en la tierra como la ciudad de Nueva York, y hace años que viajamos allí de vacaciones y para ministrar. Así que uno pensaría que la primera vez que llevamos a nuestros hijos a experimentar la maravilla y grandeza de Nueva York tendríamos nuestra mejor conducta al tratar de hacer el viaje perfecto. Bueno, la vida—y el matrimonio específicamente—pueden complicarse, y complicarse rápido.

Llevábamos en Nueva York menos de 48 horas cuando tratábamos de abrirnos paso para llegar al ferry que nos llevaría a la isla de Staten en Lower Manhattan. Si usted ha viajado mucho a NYC, sabe que la manera mejor (y más barata) de ver la Estatua de la Libertad es tomando el ferry *gratis* que va a la isla Staten. Nuestros tres hijos querían ver la estatua, y mami y papi no querían pagar los precios exorbitantes del tour oficial, así que inflamos un poco la idea de qué increíble es montarse en el ferry que va la isla de Staten. Nos fuimos para tomar el tren que nos llevara hasta la parada del ferry. Lo menos que imaginamos cuando subimos al tren fue que, en apenas 20 minutos, estaríamos involucrados en una de esas peleas que surgen de la nada y que lo ponen a uno en una montaña rusa de emociones.

MONTADOS EN LA MONTAÑA RUSA

Mientras bajábamos a nuestra familia del tren y comenzábamos a caminar hacia el ferry, Amy me anunció emocionada: "Oye, se me olvidó contarte que hoy me conecté con Brady porque él vio en nuestro Facebook que estábamos en Nueva York". Brady fue uno de sus amigos más íntimos en la Universidad de Baylor y el compañero que la acompañaba a los juegos de fútbol durante una de las temporadas. En realidad hacía muchos años que no nos comunicábamos con él y ella me contó que coincidentemente él estaba en NYC trabajando en un proyecto grande de su empresa. "¡Así que le dije que nos encontraríamos esta noche para cenar y así podía conocer a nuestros hijos!".

Los ojos de Amy estaban llenos de emoción y expectación al poder mostrar sus hijos a uno de sus mejores amigos de la universidad. Cualquier esposo normal pudiera compartir esta emoción con su esposa ¡pero yo no! ¡Ah, no! Yo tenía planes mucho mejores y perdí los estribos por completo.

De veras, no tenía idea de por qué me puse así tan rápido. Perdí la cabeza en cuestión de segundos y hasta dije, y cito: "¿Qué clase de esposa haría planes para la cena en un viaje familiar sin consultar con su esposo?".

Es probable que usted esté sorprendido por mi explosión de ira, como me pasó a mí. ¿Tenía sentido mi comentario, mi reacción? Era como si yo pensara que Amy estaba tratando de destruir nuestras vacaciones al hacer planes espontáneos para cenar con un buen amigo.

Amy me miró completamente confundida. No podía entender mi enojo, y honestamente, yo tampoco lo podía entender. Pero nuestra confusión ante mi ira no me impidió ir más allá, y de veras estoy citando lo que dije...otra vez: "¡Tú no tenías derecho a hacer planes sin hablar primero conmigo, y si me obligas a ir a esta cena voy a ser descortés todo el tiempo!".

A esta brillante amenaza de aparte de un experto en matrimonio y familia, que tiene una maestría en psicología clínica y está a solo una presentación de obtener un doctorado en psicología, Amy respondió: "Está bien, ¿qué tal si nos tomamos un receso y nos sentamos aparte para poder calmarnos? Si te parece bien, vamos a tener esta conversación después del paseo en el ferry. Yo me aseguraré de que los niños puedan ver la Estatua de la Libertad". Dicho eso, me fui al otro lado del ferry y me dejé caer en un asiento, solo y completamente confundido por mis acciones.

REACCIONAR EN LUGAR DE RESPONDER

¿Alguna vez te has visto en una situación similar? Ningún matrimonio está exento de discusiones tontas e irracionales que parecen surgir de la nada. La cuestión no es eliminar este tipo de interacciones; lamentablemente vivimos en un mundo caído lleno de personas pecadoras y con tendencia a cometer errores. El propio apóstol Pablo conocía esa lucha: "pero me doy cuenta de que en los miembros de mi cuerpo hay otra ley, que es la ley del pecado. Esta ley lucha contra la ley de mi mente, y me tiene cautivo" (Romanos 7:23). Siempre batallaremos con nuestra naturaleza pecaminosa pero podemos aprender cómo empezar a *responder* en lugar de *reaccionar*.

En lugar de *responder*, Michael *reaccionó* ante mis (Amy) inocentes planes para la cena. Queremos establecer una diferencia clara entre reaccionar y responder.

Reaccionar es cuando alguien de inmediato ataca o se bloquea porque sus sentimientos han sido heridos o descubren algo que no les gusta. Es nuestra reacción natural "cautiva al pecado". Por otro lado, responder es cuando nos detenemos y pensamos antes de hablar o actuar. Cuando respondemos a una situación en realidad hemos pensado un poco lo que estamos a punto de decir o hacer. Responder es agarrar por el cuello a nuestra naturaleza pecaminosa y decirle que se quite del medio.

Si usted quiere comenzar a responder en lugar de reaccionar ante un conflicto en sus relaciones, Santiago 1:19−20 nos ofrece esta pauta: "Todos deben estar listos para escuchar, y ser lentos para hablar y para enojarse; pues la ira humana no produce la vida justa que Dios quiere". Lo mejor que una pareja puede hacer cuando surge un conflicto es parar de hacer lo que estén haciendo y tomarse un receso.

EL RECESO NO ES SOLO PARA LOS NIÑOS

La primera regla para el receso es pedirlo en el mismo momento en que se enoje. Diga sencillamente: "Estoy enojado y necesito un receso antes de poder hablar del asunto. ¿Podemos conversar dentro de una hora?". Quizá usted esté pensando: "¿Pero el receso no es acaso solo una manera de evitar?" No. Evitar es cuando usted sencillamente se va de la discusión y nunca más habla del asunto. Un receso es diferente porque usted tiene que poner un tiempo límite. No es un receso si no tiene un tiempo de comienzo y otro de final. Antes de *alejarse* el uno del otro, es mejor que sepan en qué momento exacto van a *acercarse* otra vez.

La primera regla para el receso es pedirlo
en el mismo momento en que se enoje.

Se están protegiendo cuando paran la discusión al separarse antes de que se vuelvan descontroladas. La lista siguiente ofrece maneras específicas en que un receso puede mantener la relación libre de peleas sucias:

1. Como dije antes, lo primero es hacer saber a su cónyuge que usted necesita un receso. Usted pudiera decir algo así: "Necesito un receso", "Esto a punto de decir algo que realmente no es mi intención", o "No creo que está conversación esté yendo por buen camino".

2. Entonces negocien un tiempo para reencontrarse y conversar. "Creo que puedo hablar dentro de dos horas. ¿Te parece bien?" o "¿Podemos hablar de esto mañana, después de dormir un poco?" o "¿Puedes darme 30 minutos para calmarme y pensar?". Establezcan un tiempo que funcione para los dos.

3. Tomen el receso y déjense en paz el uno al otro.

4. Ore, ore y ore todavía más.

El poder del Espíritu Santo está en el centro de cualquier gran matrimonio. Jesús no solo murió como pago por nuestros pecados sino que también lo hizo para que el Espíritu Santo pudiera venir (Juan 16:7). Una de las bendiciones de la presencia del Espíritu Santo en nosotros y con nosotros es que Él nos convencerá de pecado y nos guiará a lo largo de nuestras vidas cuando reclamemos su poder. Cuando usted ora durante su receso, permite que el Espíritu Santo influya sobre usted.

ESCUCHAR AL ESPÍRITU SANTO

Ahora, regresando a nuestra pelea en Nueva York, yo (Michael) me había sentado solo en el extremo opuesto del ferry, lejos de mi familia. Estaba enojado y confundido. De veras no tenía idea de por qué había reaccionado tan mal ante los planes de Amy para la cena. Antes de dejar que pasara demasiado tiempo, comencé a clamar a Dios. Mi oración fue algo así: "Dios, no tengo la menor idea de por qué estoy tan enojado con Amy por haber hecho esos planes para la cena. Ayúdame a entender".

Me quedé sentando en la silla durante un largo rato, tratando en silencio de escuchar lo que Dios tenía que decirme sobre lo que en verdad estaba pasando dentro de mí. Entonces, como un relámpago, el Espíritu Santo hizo lo que el Espíritu Santo promete hacer. Si no fuera por el poder del Espíritu Santo, le puedo garantizar que nunca hubiera entendido por qué estaba tan enojado.

Como siempre, la exageración de mi reacción no tenía nada que ver con Amy ni con los planes para la cena, solo tenía que ver conmigo y mi propia basura. El Espíritu Santo me ayudó tiernamente a ver el verdadero motivo de por qué yo estaba tan enojado. Tenía miedo de qué pensaría nuestro amigo al ver que yo había subido de peso. No me gusta ser tan vulnerable pero lo estoy haciendo porque usted necesita saber que cuando de veras pierde el control y se maneja de mala manera, el 99 por ciento de las veces lo hace por su propia basura. En este caso, yo tenía miedo que nuestro amigo me mirara y pensara: "¡Vaya!". En realidad pensé que él diría algo en voz alta que me heriría y humillaría delante de mis hijos.

Cuando de veras pierde el control y se maneja de mala manera, el 99 por ciento de las veces lo hace por su propia basura.

Cuando me di cuenta de lo que realmente me había enojado, mi corazón se calmó y estuve listo para acercarme a Amy mientras nos bajábamos del ferry. Toqué ligeramente su mano y le pregunté si ella dejaría que me disculpara por mi actitud. Ella, de buena gana, se viró y esperó mi disculpa. La miré y le conté lo que el Espíritu Santo me había revelado en el ferry. Por supuesto, ella sintió tristeza por mí y mis propios problemas con el peso. Yo le dije: "Es evidente que no voy a obligarte a cancelar los planes para esta noche y sin dudas voy a ir y no seré descortés. Te pido disculpas por reaccionar de esa manera, Amy, y estoy dispuesto a ir esta noche y divertirme contigo, los niños y Brady".

DESARROLLAR UNA ESTRATEGIA

Michael nunca hubiera llegado a este punto sin tomarse el receso y correr a Dios en oración. Se arruinan demasiadas vacaciones y salidas porque las parejas no se toman el tiempo de un receso para pensar y orar. Acabamos desarrollando una estrategia para lo que haríamos en caso de que Brady se comportara de una manera hiriente. A mí (Amy) no me preocupaba mucho eso, pero fue bueno que los dos procesáramos juntos cómo manejaríamos la situación si surgía. Otra vez éramos un equipo porque nos tomamos el tiempo de calmarnos y honrar a Dios en nuestras conversaciones.

Salimos a cenar esa noche con Brady, y para alegría de Michael, Brady nunca dijo nada sobre su peso, ¡ni trató de humillar a Michael frente a los niños! La pasamos muy bien con un viejo amigo.

La próxima vez que usted se vea en una situación similar, pruebe tomarse un receso, ore y vea si no gana una comprensión clara de sus verdaderos sentimientos y se percata de que puede responder en lugar de reaccionar. Puede que ese receso sea lo que usted y su matrimonio necesitan.

Michael y Amy Smalley son los cofundadores del centro Smalley Relationship Center. Estos reconocidos artífices del matrimonio, y asesores de parejas, realizan intensivos de uno, dos y tres días para matrimonios. Viven cerca de Houston, Texas, con sus tres hijos: Cole, Reagan y David. Para mayor información visite smalleycenter.com.

18

La pregunta desafiante que está cambiando nuestro matrimonio

Lee Strobel

Si usted abriera el almanaque que tengo sobre mi buró, se fijaría en algo raro que aparece en la cajita que marca el primer día de cada mes. Cada una de esas cajitas tiene un grupo de letras entre signos de interrogación: ¿CMGECC?

Eso es lo que hago para recordarme a mí mismo, un montón de veces al año, seguir el mejor consejo que he recibido sobre el matrimonio. Vino en forma de una pregunta que los expertos matrimoniales Les y Leslie Parrott exhortan a las parejas a hacerse: "¿Cuánto me gustaría estar casado conmigo?".

¡Tremendo! ¡*Esa* es una pregunta desafiante! Yo me estremecí cuando la leí por primera vez. Y con el tiempo me ha llevado a examinar mi conducta y actitudes, mis prioridades y acciones, mis decisiones y modales. Para mantener muy presente este asunto, me obligo a mirar esas iniciales de manera que cada vez haga el compromiso de ser un cónyuge mejor.

Incluso después de 40 años de matrimonio, Leslie y yo todavía estamos trabajando para fortalecer nuestra relación. Estamos muy conscientes de que comenzamos con un cimiento bastante poco firme. Éramos jóvenes e inmaduros cuando nos casamos. Ninguno de los dos seguía a Cristo en aquel entonces, de hecho yo era ateo, y no estábamos de acuerdo en cuestiones morales ni en la manera de criar a los hijos. No nos entendíamos a nosotros mismos, mucho menos el uno al otro. Y yo, de manera egoísta, ponía mi carrera periodística por encima de nuestra relación.

Dada esta fórmula segura para causar un desastre, ¿por qué nuestro matrimonio no se autodestruyó? Le voy a dar una palabra que estoy convencido es la razón de por qué: *Dios*.

Si usted pregunta por qué hemos podido construir un matrimonio sólido sobre una base que al comienzo no era nada sólida, yo le diría esto: el punto hasta el que hemos florecido como pareja es el punto hasta el que hemos cooperado con Dios y dejado que él nos transforme como personas para ser nuevas criaturas en Cristo (2 Corintios 5:17).

UNA NUEVA CRIATURA

No es de asombrarse que los aspectos en que Dios nos ayuda a crecer y cambiar contribuyan a un matrimonio exitoso. Considere cómo él nos desplaza en una serie de escalas: de centrados en nosotros mismo a tener una mentalidad de siervos, de juzgarnos a aceptarnos, de tener una actitud de represalia a ser más perdonadores, de estar a la defensiva a estar más dispuestos a admitir nuestras faltas.

"La fuerza de voluntad no cambia a los hombres", escribió Henry Drummond. "El tiempo no cambia a los hombres. Cristo lo hace".[1] Y desde que recibimos a Jesucristo como nuestro Señor y Salvador, Él no ha permitido que Leslie y yo nos quedemos estáticos. En cambio, con el paso del tiempo ha estado transformando de una manera gentil nuestras actitudes, valores, carácter y prioridades.

¿Cuánto me gustaría estar casado conmigo? Si yo fuera todavía el Lee profano, el borracho, el Lee que siempre estaba enojado, el Lee abiertamente inmoral y el Lee autodestructivo que yo era al comienzo de nuestro matrimonio, realmente no veo cómo Leslie pudiera haberse quedado conmigo a largo plazo. Aunque no quiero dar la idea de que he avanzado más en el camino de la transformación de lo que realmente es, ¡con la ayuda de Dios al menos estoy progresando en el trayecto!

¿Cuánto me gustaría estar casado conmigo?

Al reflexionar en nuestro matrimonio puedo ver tres aspectos clave en los que Dios nos ha ayudado a Leslie y a mí a crecer. El primero implica la comunicación. Con el tiempo Dios nos ha llevado de ser buscadores de faltas a darnos ánimo el uno al otro.

CONVIÉRTASE EN ALGUIEN QUE DÉ ÁNIMO

Todos llegamos al matrimonio con expectativas, e invariablemente nuestro cónyuge se queda por debajo de estas. Nuestra respuesta natural es tratar de "arreglarlos" y la manera más fácil de hacerlo es señalando sus faltas y decirles cómo deben cambiar, ¿no es cierto?

Bueno, no exactamente. En realidad esa es la trampa de buscar las faltas. ¿Por qué no haces esto o aquello? ¿Por qué no eres más como él o como ella? ¿Por qué no puedes ser más extrovertido o tratar mejor a mis padres, o pasar menos tiempo en la oficina? Siempre haces esto, nunca haces aquello.

Como señala H. Norman Wright, encontrar las faltas daña mucho a nuestro cónyuge. De hecho estamos diciendo: "No te acepto como eres. Tú no estás a la altura de mis expectativas y no puedo aceptarte hasta que lo estés. No eres lo suficientemente bueno para mí".[2] ¡Esos son mensajes devastadores! Y nuestro impulso natural cuando alguien señala nuestras faltas es virarnos y señalar las de ellos. De repente quedamos atrapados en una espiral de relaciones descendente.

Leslie y yo encontramos un sabio consejo en Mateo 7:1: "No juzguen a nadie, para que nadie los juzgue a ustedes".

Es por eso que cada vez más Leslie y yo nos convertimos en los mayores animadores del otro. Elogiamos las mejores cualidades en el otro. Tratamos de aceptarnos el uno al otro de manera incondicional. Nos hacemos una imagen de lo que Dios puede hacer con cada uno si nos mantenemos fieles a Él. Sí, hay momentos en los que necesitamos lidiar con nuestras faltas, pero ahora hay una reserva tan profunda de buena voluntad que podemos escuchar palabras críticas sin estar tan a la defensiva como lo hacíamos en el pasado.

CELEBRE LA SINGULARIDAD

Nuestro segundo aspecto de crecimiento se ha enfocado en nuestra compatibilidad. Aquí Dios nos ha llevado a Leslie y a mí de chocar por nuestras diferencias a celebrar nuestra singularidad.

¡Y sí que tenemos diferencias! Leslie es una persona de sentimientos; yo soy una persona dada a analizar. Leslie capta por medio de los sentidos y se enfoca en lo que puede ver y tocar; yo soy alguien de intuición que juega con las ideas y sueños de posibilidades futuras. Leslie es una persona del tipo "resolver" y yo alguien del tipo "espontáneo". Leslie es estructurada, yo no.

Estos rasgos contrastantes de la personalidad solían provocar todo tipo de discusiones entre nosotros. Durante mucho tiempo Leslie pensó que yo era regado de manera intencional, ¡solo para enojarla! Ella me presionaba para que fuera más organizado, como ella, mientras yo trataba de que ella se aligerara un poco.

Pero con el tiempo Dios moldeó nuestras perspectivas de manera que podemos apreciar nuestras diferencias. Aprendimos de Salmos 139:14 que cada uno de nosotros es, a su manera, "una creación admirable" de Dios. Leslie y yo entendimos que está bien ser diferentes. Ya no sentimos que tenemos que acosarnos verbalmente para que el otro se conforme a nuestra manera de hacer las cosas. En cambio, tratamos de valorar la singularidad del otro y de ser flexibles para acomodarnos el uno al otro.

Leslie, por ejemplo, ha renunciado a convertirme en una persona estructurada. Ella ha llegado a entender que solo porque no organizo mi vida con archivos bonitos como lo hace ella, no quiere decir que no soy organizado a mi manera. Y ya que ella es tan organizada, he aprendido a ser puntual. Trato de no desorganizar su espacio. Cuando estoy lidiando con un asunto que sé que es importante para ella, trato de no posponerlo. Hemos descubierto que valorarnos el uno al otro, en lugar de criticarnos duramente, ha sido una contribución grande a la longevidad de nuestra relación.

ENFRENTE SUS CONFLICTOS

El tercer aspecto en que hemos crecido tiene que ver con resolver los conflictos. Con los años Dios nos ha llevado de ser gente que evita los conflictos a gente que enfrenta los conflictos.

Aprendimos de Proverbios 27:17 que "el hierro se afila con el hierro". Esta imagen sugiere conflicto, *¡hasta chispas!*, y nosotros hemos descubierto que resolver los conflictos de una manera amorosa nos afila como personas y como pareja.

Como muchos cónyuges, Leslie y yo evitamos los conflictos durante gran parte de nuestro matrimonio. Pero las heridas sin resolver abrieron una brecha entre nosotros. Ahora hemos aprendido a seguir el método que denominamos: "para, busca y escucha". Primero, cuando el conflicto surge, *paramos* de estar a la defensiva y con honestidad consideramos si hay verdad en lo que la otra persona está diciendo.

Segundo, *buscamos* en oración soluciones que sean aceptables para ambos y que no solo resuelvan el conflicto inmediato sino que pudieran ayudarnos a lidiar con toda esta categoría de conflictos. Es decir, tratamos de mirar más allá de la discusión en cuestión y ver cómo este desacuerdo pudiera encajar en un patrón de conflictos mayor con el que necesitamos tratar a nivel más profundo.

Tercero, *escuchamos*. Santiago 1:19 dice: "Todos deben estar listos para escuchar, y ser lentos para hablar y para enojarse". La clave es escuchar con lo que los psicólogos denominan "el tercer oído". Esto significa prestar atención a las emociones que están detrás de nuestras palabras.

A veces discutimos por un asunto sin mucha importancia y Leslie dirá: "Escucho cierto dolor en tu voz. Me doy cuenta de que estás enojado más allá de este pequeño asunto. ¿Qué está pasando realmente?". Eso abre la puerta a un nivel más profundo de relaciones. En lugar de solo deslizarnos por la superficie de nuestro conflicto, podemos escarbar hasta las raíces de nuestro descontento y conversar sobre las emociones subterráneas que alimentan nuestra conducta.

¿Cuánto me gustaría estar casado conmigo? ¡Ay! Cuando me enfrento a esa pregunta doce veces al año, todavía me siento desafiado. Pero obligarme a responderla de manera regular ha sido la aplicación de uno de los mejores consejos que he recibido jamás. Me ayuda a hacer un chequeo profundo: ¿Soy un mejor esposo

este mes de lo que lo fui hace un año? ¿O hace cinco años? ¿Estoy comunicándome de una manera que sea alentadora? ¿Estoy celebrando la singularidad de Leslie? ¿Estoy enfrentando los conflictos de una manera saludable al parar, buscar y escuchar?

¿Y usted? ¿Cuánto le gustaría estar casado consigo mismo? Esa pudiera muy bien ser una pregunta que vale la pena anotar en su almanaque mientras le pide a Dios que le transforme en el cónyuge que Él quiere que usted sea.

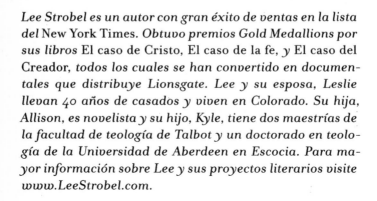

Lee Strobel es un autor con gran éxito de ventas en la lista del New York Times. *Obtuvo premios* Gold Medallions *por sus libros* El caso de Cristo, El caso de la fe, *y* El caso del Creador, *todos los cuales se han convertido en documentales que distribuye Lionsgate. Lee y su esposa, Leslie llevan 40 años de casados y viven en Colorado. Su hija, Allison, es novelista y su hijo, Kyle, tiene dos maestrías de la facultad de teología de Talbot y un doctorado en teología de la Universidad de Aberdeen en Escocia. Para mayor información sobre Lee y sus proyectos literarios visite www.LeeStrobel.com.*

Notas

INTRODUCCIÓN:
EL MATRIMONIO DE CORAZÓN ABIERTO

1. Archibald D. Hart y Sharon Hart Morris, *Safe Haven Marriage: Building a Relationship You Want to Come Home To* (Nashville, TN: Thomas Nelson, 2003), 28.

2. Se le atribuye a la periodista Mignon McLaughlin, *Atlantic Monthly*, julio de 1965.

CAPÍTULO 2:
HAGA DEL AMOR UN VERBO

1. Contenido adaptado de *Staying In Love Participant's Guide* por Andy Stanley. Copyright © 2010 por North Point Ministries, Inc. Usado con permiso de Zondervan. www.zondervan.com

CAPÍTULO 6:
SEA EL MEJOR AMIGO DE SU CÓNYUGE

1. Tom Rath, *Vital Friends: The People You Can't Afford to Live Without* (New York, NY: Gallup Press, 2006), 29.

2. Barbara Brown Taylor, *The Best Spiritual Writing*, ed. Phillip Zaleski (San Francisco, CA: Harper, 1999), 262.

3. Michelle Healy, "Deal Breakers," *USA Today*, 27 de abril de 2010.

CAPÍTULO 9:
EL ARTE DE OFRECER AFIRMACIÓN

1. Estas ideas sobre la afirmación se extrajeron del libro de Sam Crabtree, *Practicing Affirmation: God-Centered Praise of Those Who Are Not God* (Wheaton, IL: Crossway, 2011).

CAPÍTULO 15:
BUSQUE AL SEÑOR DE MANERA DELIBERADA

1. Extracto de la letra de "Changed" del álbum *The deliberatePeople* de Phil Joel. Usado con permiso.

CAPÍTULO 18:
LA PREGUNTA DESAFIANTE QUE ESTÁ CAMBIANDO NUESTRO MATRIMONIO

1. Henry Drummond, *The Greatest Thing in the World: Experience the Enduring Power of Love* (Grand Rapids, MI: Revell, 2011), 33.

2. H. Norman Wright, *Bringing Out the Best in Your Husband: Encourage Your Spouse and Experience the Relationship You've Always Wanted* (Ventura, CA: Regal, 2010), 40.